AF307437

„Wir waren ja eigentlich noch Kinder...“
Einsatz Hofer Oberschüler zur Luftabwehr in Schweinfurt 1943-1945

ISBN (Taschenbuch): 978-3-9812499-4-1
ISBN (Hardcover): 978-3-948345-05-1
1. Auflage 2010
2. unveränderte Auflage 2020
Copyright:
c/Hochschulverlag Mittweida

Druck und Vervielfältigung: tredition GmbH,
Halenreie 40-44, 22359 Hamburg;
www.tredition.de

Hochschulverlag Mittweida
Technikumplatz 3, 09648 Mittweida
https://verlag.hs-mittweida.de

Hochschulverlag
Mittweida

Umschlagfoto:
Mitglieder der Flak nur Minuten nach dem ersten Tagesgroßangriff der achten US-Luftflotte mit rund 250 viermotorigen „fliegenden Festungen“ am 14. Oktober 1943 auf Schweinfurt (im Hintergrund); in der Mitte die drei Hofer Oberschüler Friedbert Mahir, Karl-Heinz Renn und Friedrich-C. Hoffmann (von rechts) an einem 2-cm-Flugabwehrgeschütz. Links und rechts außen zwei Soldatendienstgrade.

„Wir waren ja eigentlich noch Kinder...“

Einsatz Hofer Oberschüler zur Luftabwehr in Schweinfurt 1943-1945

Josefine Adolf
Sabine Carius
Sandra Scholz
Stephanie Wünsche

Widmung

Die Initiatoren dieses Buches widmen es ihren Müttern, auch im Namen ihrer Kameraden, die im damaligen Reichsgebiet als Luftwaffenhelfer eingesetzt waren.

Diese Mütter hatten die Schrecken des Ersten Weltkrieges erlebt, in dem schon ihre Familien mit Toten und Verwundeten betroffen waren.

Es war entsetzlich für sie, dass es schon nach zwei Jahrzehnten zu einem neuen Waffengang kam, in den vor allem ihre Söhne hineingezogen wurden.

Ab dem Jahr 1942 häuften sich die Meldungen von Gefallenen und nun sollten sie auch schon ihre gerade 15- bis 17-Jährigen für den Kriegsdienst hergeben. Umso mehr, als diese Jungen zumeist sehr arglos damit umgingen, weil sie die Brisanz des Krieges nicht abzuschätzen vermochten.

Diese Frauen haben unsagbare Sorgen und Belastungen durchgestanden, wenn die verheerenden Angriffe auf die Einsatzorte ihrer Söhne gemeldet wurden, aber auch, wenn nach Kriegsende teilweise das Schicksal ihrer Jungen für Monate und Jahre ungeklärt war.

Gottfried Hohenberger

Die vier Autorinnen studieren im sechsten Semester Medienmanagement an der Hochschule Mittweida. Dieses Buch ist das Ergebnis des Wunsches der Luftwaffenhelfer, ihre Erinnerungen zusammenzutragen und somit weitergeben zu können.

Josefine Adolf beschieb den Alltag der Luftwaffenhelfer und die Ereignisse des letzten Jahres. Sie führte gemeinsam mit Sabine Carius die Schlussredaktion durch und war Ansprechpartner für die Luftwaffenhelfer.

Für die Beschreibung der Angriffe auf Schweinfurt war Sabine Carius zuständig. Auch sie war Ansprechpartnerin, Lektorin und für die Schlussredaktion zuständig.

Für das Kapitel „Vom Oberschüler zum Luftwaffenhelfer" sowie für die Zusammenfassung der Ereignisse, nach dem Krieg zeigte sich Sandra Scholz verantwortlich. Zudem gestaltete sie den Innenteil des Buches.

Stefanie Wünsche fasste rückblickend die Geschichte des zweiten Weltkieges bis zur Einberufung der Luftwaffenhelfer sowie die wichtigsten Fakten zur Flak zusammen. Desweitere gestaltete sie den Buchumschlag.

Inhaltsverzeichnis

1 Vorwort

Der Anfang liegt weit zurück. Es war der 1. September 1939; „....seit 5 Uhr 45 wird zurück geschossen." Adolf Hitler, der „größte Feldherr aller Zeiten", überzieht und überschwemmt bei seinem Drang nach der Schimäre „Großdeutsches Reich" riesige Länder mit seiner Ideologie, seinen Truppen, seiner Gewalt. Und er verliert sie wieder. Land für Land, auch sein eigenes. Deutschland wird vom Krieg heimgesucht, zuerst aus der Luft. Hitlers getreuester Paladin, Luftwaffenchef Hermann Göring „will Meyer heißen, wenn ein alliiertes Flugzeug die deutsche Grenze überfliegt". Er hätte als Meyer sterben sollen.

In dieser Not greift das Regime auf Kinder zurück: 15-, 16- und 17-Jährige, immer noch ans Spielen, und wären es Geländespiele, gewöhnt, mussten nun in tiefstem Ernst den Umgang mit Flakkanonen lernen. Dort schossen sie scharf um ihr Überleben und um das Überleben der von ihnen verteidigten Menschen und Objekte. Berühmte Männer gehörten dazu: Papst Benedikt XVI, Dieter Hildebrand, Hans-Dietrich Genscher. Auch die Schüler der (damals so genannten) Oberschule für Jungen in Hof kamen nach Schweinfurt, das sie nach allen Kräften beschützten, so gut es eben ging.

60 Jahre nach dem Ende des furchtbarsten aller Kriege erhielt Marie Kristin Tetzner, Abiturientin des Hofer Schillergymnasiums, das Thema als Abitur-Facharbeit zugeteilt. Alte Luftwaffenhelfer berieten sie dabei. Aus dem gesammelten Material erstellten vier Medienstudentinnen der Fachhochschule Mittweida, mit der Facharbeit im Hintergrund, eine umfassende Sammlung von Dokumenten, Erinnerungen, Geschichten und Bildern, die nun in Form dieses Buches vorliegt. Es schreibt ein schreckliches Kapitel der deutschen Geschichte und der Geschichte der ehrwürdigen, 100-jährigen Hofer „Höheren Lehranstalt".

Bert Wagner

Vorbemerkung

Mehr als 65 Jahre liegt es zurück, dass das NS-geführte Deutschland den Krieg verlor. Zahlreiche Jungen, gerade um die achtzehn Jahre alt, hatten damals schon zwei Jahre im Krieg für ihr Vaterland gekämpft. Deren Geschichte wurde nun, über sechzig Jahre später aufgearbeitet. Vor uns Medienmanagementstudentinnen der Hochschule Mittweida lag im Frühjahr 2009 ein Karton voller Lebensgeschichten. Die Jugend der Luftwaffenhelfer, von denen wir nicht einmal wussten, dass es sie gab, unterschied sich so grundlegend von unserer. Für sie war es normal, für das Vaterland und den „Endsieg" zu kämpfen, schließlich lebten sie im gleichgeschalteten System der Nationalsozialistischen Diktatur. Während ihrer, durch den Luftwaffenhelfer Einsatz verkürzten Schulzeit hatten sie kein anderes Gedankengut kennen gelernt. Im Zeitalter des Internets, in dem jeder seine Ideen und Meinungen in kürzester Zeit verbreiten und ein Gedankenaustausch problemlos möglich ist, scheint es uns schier unbegreiflich, dass sich so junge Menschen mit Stolz in den Kriegsdienst begeben konnten. Auch die Positionen der Mütter, die ihre Kinder ziehen ließen beziehungsweise lassen mussten, erscheinen uns unverständlich, wo sie doch meist schon durch ihre Männer und ältere Söhne wussten, welchen Gefahren ihre Kinder ausgesetzt würden. Einer Klärung dieses Unverständnisses kamen wir mit jeder Erzählung und jedem Fakt, den wir zum Thema Luftwaffenhelfer bekamen, ein Stückchen näher. Noch immer können wir nicht alles nachvollziehen, was in dieser Zeit geschah, aber wir sind den Hintergründen der Nationalsozialistischen Diktatur und der Gleichschaltung aller Deutschen näher gekommen. Mit der Zeit beginnt man zu verstehen, wieso 15- und 16-jährige Schüler mit Begeisterung in den Krieg zogen. Eine Kindheit in der Diktatur unterscheidet sich grundlegend von der, die wir erleben durften. Am deutlichsten wurden uns die Unterschiede bei einem Aufsatz von Bert Wagner mit dem Titel „Worauf gründet sich das Anrecht des Deutschen Reiches auf die Führung Europas?", den er während

seines Luftwaffenhelfereinsatzes in Schweinfurt schrieb. Dieser Aufsatz zeugt von einer Begeisterung und Ideologiedurchdringung, die
wir uns heute nur noch schwer vorstellen können, kennen wir doch
die Folgen und Auswirkungen des Krieges. Und doch ist es wichtig
auch weitgehend unbekannte, weil individuelle Geschichten aus der
Vergangenheit kennen zu lernen, um sie besser zu verstehen.

2 Lebensläufe der ehmaligen Luftwaffenhelfer

2.1 Bert Wagner

1944, mit 15 Jahren

Bert Wagner wurde am 11. Mai 1928 in Weißenstadt geboren. Dort lebte er mit seiner Mutter Mizzi (geb. Bittner) und dem Vater Robert, welcher als Zahnarzt praktizierte. Der getaufte und in der evangelischen Kirche Weißenstadt konfirmierte Junge besuchte von 1938 bis 1946 die Oberschule für Jungen in Hof. Er war als einer des Jahrgangs der 28er zwischen 1944 und 1945 als Luftwaffenhelfer in Schweinfurt und Umgebung stationiert. Nach seinem Abitur 1946 begann er ab 1947 das Studium der Zahnmedizin in Bamberg, Regensburg und Erlangen praktizierte er von 1951 bis 1993 als Zahnarzt in der eigenen Praxis. Neben seiner umfangreichen Tätigkeit in der Standespolitik und Wissenschaft arbeitete er auch in der Fachjournalistik. Als Redakteur und Chefredakteur mehrerer zahnärztlicher Fachzeitschriften hielt er Vorträge, leitete Kurse, besuchte nationale und internationale Kongresse und schrieb zahlreiche Artikel und Buchbeiträge. Wagner bekleidete viele lokale Ehrenämter und ist bis heute FDP-Amtsträger. Er erhielt 1988 die Goldene Ehrennadel der Deutschen Zahnärzteschaft, dies ist die höchste Auszeich-

2009, mit 81 Jahren

nung der dentalen Fachwelt. Weiterhin bekam Wagner die silberne Stadtmedaille von Paris, „ami de Paris". Er wurde 1991 mit dem Bundesverdienstkreuz am Bande für seine Verdienste um die Zahngesundheit der Bevölkerung, speziell der Jugendzahnpflege geehrt.

2.2 Gerhard Greim

2009, mit 83 Jahren

Geboren am 1. Mai 1926 in Schwarzenbach an der Saale im Landkreis Hof, gehörte Dr. Gerhard Greim zur ersten Einberufungswelle der Schule, die am 1. September 1943 nach Schweinfurt zur Luftverteidigung kam. Im heimatlichen Schwarzenbach lebte er mit seiner zwei Jahre älteren Schwester und den Eltern. Sein Vater, Volksschullehrer und späterer Rektor in Schwarzenbach, geriet nach dem Zweiten Weltkrieg in längere Kriegsgefangenschaft. Greim selbst hatte Glück und wurde schnell aus amerikanischer Gefangenschaft entlassen, sodass er bereits 1946 wie Heribert Eichhorn ein Jurastudium in München aufnehmen konnte. Nach dem ersten juristischen Staatsexamen kehrte er in die Heimat zurück und absolvierte seine Ausbildung an verschiedenen Justizbehörden im Landgerichtsbezirk Hof. Weitere Stationen seiner Karriere waren Tätigkeiten als Staatsanwalt in Bayreuth und Hof, Richter am Amtsgericht Hof, Oberamtsrichter und Behördenleiter in Münchberg, Direktor des Amtsgerichts Forchheim und leitender Oberstaatsanwalt in Bamberg. Die letzte Position hatte Greim bis zur Pensionierung 1988 inne. Während seines Ruhestandes half er beim Aufbau der sächsischen Justiz in Zwickau,

1944, mit 17 Jahren

Aue und Plauen. Bis heute lebt Gerhard Greim in Forchheim. Seine Frau, mit der er drei Kinder hat, verstarb leider nach über 50 Ehejahren. Eines seiner sieben Enkelkinder, das in Erlangen studiert, lebt heute bei ihm.

2.3 Gottfried Hohenberger

Gottfried Hohenberger wurde 1927 geboren und wuchs zusammen mit drei Geschwistern in Kirchenlamitz/Fichtelgebirge in einem evangelischen Pfarrhaus auf. 1943 als Luftwaffenhelfer eingezogen, geriet Hohenberger kurz vor Kriegsende als aktiver Soldat in amerikanische Kriegsgefangenschaft und wurde in französischen Gewahrsam übergeben. Nach gelungener Flucht kehrte er 1948 in die Heimat zurück. Gottfried Hohenberger holte

1944, mit 16 Jahren

sein Abitur in einem Sonderkurs nach und ging schließlich zur Textilfachschule. Nach erfolgreichem Abschluss trat Hohenberger 1951 in die vom Großvater gegründete Webwarenfabrik in Hof ein. Für diese war er 40 Jahre lang als geschäftsführender Gesellschafter tätig. Gottfried Hohenberger ist verheiratet und hat zwei Kinder. Wegen seines Interesses an der Entspannungspolitik war er ab 1969 für die FDP aktiv.

2009, mit 82 Jahren

2.4 Heribert Eichhorn

Dr. jur. Heribert Eichhorn wurde am 1. September 1926 in Bamberg geboren. Er wuchs mit seinen zwei Brüdern Elmar und Franz im Frankenwaldstädtchen Wallenfels sowie in Hof auf. Seine Eltern Johannes Baptist und Christine Eichhorn waren ein Grundschulrektorenehepaar. Mit seiner Frau Kristina, geborene Ostertag, hat er drei Kinder: Oliver, Monika

2009, mit 83 Jahren

und Karin. Außerdem gehören zu seiner Familie drei Enkeltöchter, ein Enkelsohn und ein Stiefenkel. Er studierte ab Mai 1946 an der Universität München Jura. Nach dem ersten juristischen Staatsexamen absolvierte er seine Referendarzeit an den Hofer Gerichten. Gleichzeitig arbeitete er als freier journalistischer Mitarbeiter bei einer Hofer Tageszeitung und in einer Rechtsanwaltskanzlei. Eichhorn promovierte in München zum Dr. juris und war nach dem 2. juristischen Staatsexamen von 1952 bis 1958 als Notarassessor an verschiedenen Orten Bayerns tätig. Bis zu seinem 70.

1944, mit 17 Jahren

Lebensjahr 1996 war er Notar in Gerolzhofen, Miltenberg und am Tegernsee. Mehrere Jahre war er Mitglied des Verwaltungsrates der Bayerischen Notarkasse in München und seit Jahrzehnten ist er Beiratsvorsitzender einer Immobilien-Stiftung in München. In seiner Freizeit steht er oft auf dem Tennisplatz, macht Radtouren und Bergwanderungen, betreibt Skilanglauf, Alpinskifahren und liebt Fernreisen.

2.5 Walter Rausch

2009, mit 83 Jahren

Dr. Ing. Walter Rausch wurde am 24. März 1926 in Hof geboren. Als einer der 26er war auch er einer der ersten Oberschüler, die im September 1943 nach Schweinfurt kamen. Sein Abitur holte er 1947 an der Oberrealschule Kulmbach nach. Von 1948 an studierte Rausch an der TH Karlsruhe Maschinenbau und machte 1952 sein Diplom. Bis zu seiner Promotion im Jahr 1957 arbeitete er als wissenschaftlicher Assistent bei Prof. Dr.-Ing. W. Barth. Von 1958 bis 1991 hatte er zahlreiche leitende Funktionen in namhaften Industrieunternehmen inne. So war er beispielsweise technischer Geschäftsführer im Standard-Filterbau in einem Unternehmen in Münster. Seit 1991 ist er selbstständig mit den Schwerpunkten: Entwicklungen Strömungstechnik, Gutachten, öffentlich bestellter und vereidigter Sachverständiger für Staub- und Klimatechnik bei der IHK Nürnberg. Rausch war Lehrbeauftragter an der FH Ulm, sowie im Haus der Technik in Essen und dem Berufs-

1944, mit 17 Jahren

förderungswerk Eckert in Regensburg. Er hatte im Laufe seiner Karriere zahlreiche wissenschaftliche Veröffentlichungen und Patente sowie Mitglied im VDI und im Fachausschuss des VDG. Mit seiner Frau Ingeborg geb. Schönweiß hat er den Sohn Dipl. Kfm. Martin Rausch. Zu seinen Hobbys gehört die Musik, außerdem interessiert er sich für Städte-Architektur.

3 Rückblick

3.1 Die nationalsozialistische Ideologie

Deutschland 1933. Am 30. Januar wird der gebürtige Österreicher Adolf Hitler zum Reichskanzler des Deutschen Reiches ernannt. Seine Partei, die NSDAP[I], erreicht jedoch bei den Reichstagswahlen 1933 nicht die erhoffte absolute Mehrheit, sondern nur 43 Prozent. Noch im selben Jahr stimmt der Reichstag über das „Gesetz zur Behebung der Not von Volk und Reich" ab und liefert Hitler damit die Ermächtigungsgrundlage, Gesetze ohne Gegenzeichnung des Reichspräsidenten, sowie ohne Zustimmung von Reichstag und Reichsrat zu erlassen. Zunächst auf vier Jahre beschränkt, wird das „Ermächtigungsgesetz" fortlaufend verlängert und bleibt bis zum Kriegsende im Mai 1945 die Grundlage deutscher Gesetzgebung.[1]

Unmittelbar nach seiner Machtergreifung beginnt Hitler mit Hilfe der NSDAP eine Gleichschaltung aller deutschen Organisationen. Alle gesellschaftlichen und staatlichen Institutionen werden an die ideologischen Ziele der NSDAP angepasst. Mit dem Gesetz zur „Gleichschaltung der Länder mit dem Reich" setzt er in allen Bundesländern nationalsozialistische Regierungen ein.[2]

Im Dezember 1936 wird durch das „Gesetz über die Hitler-Jugend" die Mitgliedschaft in der HJ[II] für alle ab dem zehnten Lebensjahr zur Pflicht. Gegründet wurde die nationalsozialistische Jugendbewegung bereits 1926 in Weimar. Stark militärisch organisiert, ist sie gegliedert nach Alter und Geschlecht. Alle Mitglieder treten uniformiert auf. Die HJ organisiert unter anderem Paraden, Propagandamärsche, Fahrten oder sogenannte Geländespiele. Die NSDAP nutzt die jugendliche Organisation, um ihre Ideologien und Wertesysteme zu vermitteln. Die paramilitärische Ausbildung der Hitlerjungen dient zugleich auch immer mehr der Vorbereitung auf den Wehrdienst.[3]

I   Nationalsozialistische Deutsche Arbeiterpartei

II   Hitler-Jugend (HJ)

Als 1934 der amtierende Reichspräsident von Hindenburg stirbt, vereinigt Hitler die Ämter des Reichspräsidenten und des Reichskanzlers in seiner Person und nennt sich fortan „Führer und Reichskanzler".[4]

In seinen öffentlichen Reden spricht Hitler von der Eroberung von Lebensraum im Osten und der Schaffung eines „Großdeutschen Reiches". Diese Ziele bestimmen maßgeblich seine Außenpolitik. Von der Bevölkerung umjubelt, gliedert er nach und nach immer mehr Gebiete dem Deutschen Reich an.

Im Jahr 1935 entscheidet eine saarländische Volksabstimmung mit 90-prozentiger Zustimmung, dass das Saarland wieder an Deutschland anzugliedern sei.[5] Das Gebiet gehörte seit dem Versailler Vertrag zum Völkerbund, einer nach dem 1. Weltkrieg geschaffenen internationalen Vereinigung zur Friedenssicherung.[6] Deutschland trat bereits 1933 aus dem Völkerbund aus.[7] Hitler setzt sich 1936 erneut über den Versailler Vertrag hinweg, als er das entmilitarisierte Rheinland besetzt.[8]

Drei Jahre später, am 12. März 1938, marschiert die deutsche Wehrmacht in Österreich ein. Am darauffolgenden Tag erlässt Hitler ein Gesetz zum „Anschluss Österreichs" an das deutsche Reich. In einer Volksabstimmung am 10. April entscheiden sich 99,73 Prozent der Österreicher und 99,01 Prozent der Deutschen für den Anschluss. Daraufhin werden alle staatlichen Einrichtungen Österreichs durch deutsche Behörden ersetzt.[9] Nach Österreich annektiert Hitler 1938 auch das sogenannte Sudetenland, was im Münchner Abkommen von den Westmächten akzeptiert wurde. Die spätere Besetzung der gesamten CSR und deren Aufteilung in das Protektorat Böhmen und Mähren und den Reststaat Slowakei erkannten die Westmächte dagegen nicht an, beschränkten sich aber auf verbale Verurteilungen, um einen europäischen Krieg zu verhindern.[10]

3.2 Die Folge des Kriegsverlaufs

Seit der Machtergreifung verfolgt Hitler nur ein Ziel, die Eroberung von Lebensraum im Osten. Dass er dafür einen Krieg provozieren muss, nimmt er in Kauf.

3.2.1 Der Überfall auf Polen

Obwohl Polen von den deutschen Kriegsvorbereitungen und dem massiven Aufmarsch der Wehrmacht an der Grenze weiß, kommt der Angriff in den frühen Morgenstunden des 1. Septembers 1939 überraschend. Um 4.45 Uhr eröffnet das Linienschiff „Schleswig-Holstein" das Feuer auf polnische Befestigungen der Freien Stadt Danzig.[11] Bereits am übernächsten Tag erfüllen Frankreich und Großbritannien ihren Beistandspakt mit Polen und erklären Deutschland den Krieg. Nach nur einer Woche hat die Wehrmacht alle polnischen Verteidigungslinien im Grenzgebiet durchbrochen. Kurze Zeit später bereiten sich die deutschen Truppen für den Angriff auf Warschau vor. Die massiv verteidigte Hauptstadt muss am 27. September 1939 den schweren Artillerie- und Luftangriffen der Deutschen nachgeben und kapituliert bedingungslos. Damit war eines der letzten großen Widerstandszentren Polens ausgeschaltet. Die letzten polnischen Truppenteile ergeben sich am 6. Oktober bei Kock und Lublin. Die Niederlage Polens wurde aber bereits am 17. September besiegelt, als sowjetische Truppen die Ostgrenze überfallen. Gemäß dem Hitler-Stalin-Pakt teilen sie das Gebiet unter sich auf.[12] Aufgrund des schnellen Voranschreitens der deutschen Truppen ging der Überfall auf Polen als einer der Blitzkriege in die Geschichte ein.

Von Beginn an haben die Deutschen absolute Lufthoheit über polnischem Gebiet. Die gegnerische Luftwaffe ist nicht in der Lage, sich zu wehren oder zu Gegenangriffen auf deutsches Gebiet anzusetzen.[13]

3.2.2 Krieg um Frankreich und den Norden

Den Kriegserklärungen Großbritanniens und Frankreichs an
Deutschland folgen noch keine Kampfhandlungen. Seit der Mobil-
machung des französischen Heeres im August 1939 verharrt es in
Verteidigungsposition hinter der Maginot-Linie, einem Abschnitt
des Befestigungsgürtels Frankreichs zwischen Elsass und der
Schweizer Grenze. Bis zum Mai 1940 erfolgen im sogenannten „Sitzkrieg" keine wesentlichen Kampfhandlungen. Die Regierungen
Frankreichs und Großbritanniens setzen ganz auf eine umfassende
Wirtschaftsblockade gegen das Deutsche Reich. Auf der Nordsee
verhindert die Royal Navy den Handel mit neutralen Staaten. Die
deutsche Kriegsmarine kann dem in den ersten Kriegstagen nichts
entgegensetzen.[14]

Am 9. April 1940 landen deutsche Truppen in Norwegen und besetzen Dänemark. Beide Länder kapitulieren kurz darauf.[15]

3.2.3 Der Westfeldzug

Am 10. Mai 1940 startet die Wehrmacht ihre Offensive gegen Frankreich. Im Norden greifen Truppen die Niederlande und Belgien an,
um die Maginot-Linie zu umgehen.[16] Wenn darauf hin die französischen und britischen Truppen zur Unterstützung vorrücken, sollen weitere deutsche Heeresgruppen durch Luxemburg und die Ar-
dennen bis zur französischen Kanalküste vorstoßen. Die Offensive
kommt für die Alliierten, trotz wochenlangen Aufmarsches deutscher Truppen an der Westgrenze, überraschend. Dadurch gelingt
es den deutschen Divisionen, den Gegner in wenigen Wochen zu
besiegen. Entscheidend dafür ist vor allem die deutsche Luftwaffe mit ihren Angriffen auf Befestigungen und Truppenverbände.
Die französische Luftwaffe kann sich meist nur auf die Abwehr der
Angreifer beschränken. Angriffe auf deutsches Gebiet finden nicht
statt. Die Wehrmacht erreicht am 5. Juni die französischen Vertei-

digungsstellungen entlang der beiden Flüsse Somme und Aisne in Nordfrankreich, die „Weygand-Linie". Damit leiten sie die zweite Phase der Westoffensive, die „Schlacht um Frankreich" ein. Nachdem die deutschen Truppen die Weygand-Linie überquert haben, ist es den Franzosen unmöglich geworden, eine geschlossene Abwehrfront aufzubauen. Heftige Angriffe durch die deutsche Luftwaffe verhindern einen geordneten Rückzug und führen dazu, dass sich die französischen Truppen zusehends auflösen. Am 14. Juni 1940 marschiert eine der Heeresgruppen kampflos in Paris ein.[17] Acht Tage später unterzeichnet der französische Ministerpräsident den Waffenstillstand.[18]

3.2.4 Die Luftschlacht um England

Hitlers nächstes Ziel ist die Invasion der britischen Inseln von Nordfrankreich aus. Um dies zu erreichen, muss er die britische Luftwaffe und die Marine vor der Küste ausschalten. Deshalb beginnt am 13. August 1940 der erste deutsche Großangriff gegen Großbritannien.

Am Anfang beschränkt sich die deutsche Luftwaffe darauf, Flugplätze, Jagdflugzeuge und Funkmessanlagen entlang der Küste anzugreifen. Später bombardiert sie London und weitere englische Städte. Auch die Royal Air Force beginnt erstmals damit, deutsche Städte anzugreifen. Die britischen Bomber fliegen nachts und bewirken einen umfassenden Aufbau von Luftabwehrstellungen in Deutschland. Wichtige Rüstungsziele und Großstädte werden mit sogenannten Heimatflak-Batterien ausgestattet.[19]

Hitler hatte die Hoffnung, dass ein Erfolg im Luftkrieg die britische Regierung zu einem Kompromissfrieden zwingen würde, aber dieser Plan scheiterte. Im Frühjahr 1941 gibt Hitler seine Invasionspläne auf und wendet sich wieder seinem vorrangigen Ziel zu, den Eroberungen im Osten. Doch die Bombardements durch die Royal Air Force gehen weiter.[20]

3.2.5 Der Überfall auf die Sowjetunion

Ohne Kriegserklärung beginnt die Wehrmacht am 22. Juni 1941, völlig überraschend für die Sowjetunion, mit dem Einmarsch auf breiter Front zwischen Ostsee und den Karpaten. Gleichzeitig greift die deutsche Luftwaffe gezielt sowjetische Flugplätze an. So werden am ersten Kampftag über 2000 russische Maschinen am Boden zerstört.[21] Dies sichert den Deutschen, vor allem zu Beginn des Feldzuges, die absolute Luftüberlegenheit. Wie Frankreich zuvor, hat auch Russland keine Möglichkeit, Angriffe auf deutsches Reichsgebiet zu fliegen. Dank des Überraschungsmoments dringen die deutschen Truppen sehr schnell in Richtung Osten vor. Das Oberkommando der Wehrmacht rechnet mit einer sowjetischen Niederlage noch im Herbst des Jahres 1941.

Die Anfang Oktober begonnene Offensive gegen Moskau kommt durch die herbstliche Schlammperiode ins Stocken. Durch den Anfang Dezember einsetzenden, eisigen Winter mit unter -40°C kommt der Angriff gänzlich zum Erliegen.[22] Da die Deutschen mit einem schnell endenden Blitzkrieg rechneten, sind die Soldaten kaum mit Winterkleidung oder wintertauglicher Rüstungstechnik ausgestattet. Die Rote Armee nutzt dies und setzt auf breiter Front zur Gegenoffensive an, was die Wehrmacht erstmals im Krieg zum Zurückweichen zwingt. Eine weitere Angriffswelle im April 1942 wirft die deutschen Truppen abermals weit zurück, bis die Kampfhandlungen in einen Stellungskrieg übergehen. Im Süden setzt die Wehrmacht im Juni 1942 zur großen Sommeroffensive an. Ein Teil des Heeres rückt Richtung Stalingrad vor, wo ihnen die Einnahme der Stadt im August 1942 gelingt. Allerdings schafft die deutsche Armee es nicht, alle sowjetischen Verbände vollständig aus der Stadt zu vertreiben. Statt des erhofften Triumphes folgt eine überraschende Großoffensive der Roten Armee im November, die die deutschen Soldaten einschließt. Die Versorgung der Truppen durch die deutsche Luftwaffe scheitert an den wieder verstärkt angreifenden sowjetischen Fliegern.[23] Am 2. Februar 1943 folgt die Kapitulation der deutschen Truppen in Russland. Dies führt dazu, dass über 240.000 Deutsche fallen oder in Kriegsgefangenschaft geraten.[24] Insgesamt beliefen sich die deutschen Verluste bis Februar 1943 auf 1.005.636 Soldaten, das waren 31 Prozent des deutschen Ostheeres.

3.2.6 Der Luftkrieg über Deutschland

Seit 1940 greifen britische Bomberformationen Nacht für Nacht deutsche Städte an. Sie versuchen durch Flächenbombardements den Willen der deutschen Bevölkerung zu brechen. Ab 1943 beteiligen sich auch amerikanische Bomber an den Angriffen. Im Gegensatz zu den Briten verfolgen sie das Ziel, die deutsche Kriegswirtschaft durch präzise Angriffe am Tag zu vernichten. Ihr erstes Angriffsziel am 27. Januar 1943 ist Wilhelmshaven. Trotz des fehlenden Begleitschutzes der amerikanischen Bomber durch Jagdflugzeuge kann die deutsche Jagdabwehr dem nur wenig entgegensetzen, da große Kräfte an den Fronten gebunden sind. Deshalb bedarf es zunehmend der Unterstützung vom Boden aus. Im gesamten Deutschen Reich werden die Flakstellungen massiv ausgebaut. Nahezu alle Großstädte und Rüstungsindustrien werden durch starke Flugabwehrkanonen-Batterien[III] verteidigt.

Durch die Bildung einer zweiten Front mit der Landung der Alliierten in Sizilien und die großen Verluste an der Ostfront werden immer mehr frische Truppen benötigt und die Geschützbedienungen der Heimatflak an die Front verlegt. Der so entstehende Personalmangel an den Geschützen wird durch die Heranziehung von Jugendlichen als Flak-Helfer gedeckt.[25]

III   kurz: Flak-Batterien

4 Vom Oberschüler zum Luftwaffenhelfer

4.1 Die Einberufungsgrundlage

Im Jahr 1935 erfolgte die Wiedereinführung der Wehrpflicht, die der Versailler Vertrag ursprünglich untersagt hatte. Drei Jahre später wurde sie durch die Notdienstverordnung erweitert, die durch die deutsche Reichsregierung am Samstag, den 15. Oktober 1938 erlassen wurde.[26] Diese sollte den Kräftebedarf für Aufgaben von besonders staatspolitischer Bedeutung sichern.

Die Heranziehung jedes Reichsbewohners für zeitliche begrenzte „Notdienstleistungen" wurde ermöglicht und führte zum Wehrleistungsgesetz beziehungsweise Reichsleistungsgesetz vom 1. September 1939, auf Grund dessen unter anderem auch Jugendliche ab dem vollendetem 15. Lebensjahr zu „körperlichen Dienstleistungen" verpflichtet werden konnten.[27]

4.2 Anlass der Einberufung

Die Einberufung der Jugendlichen war weniger eine Überraschung als die Konsequenz aus den bereits beschriebenen Entwicklungsprozessen während des Zweiten Weltkriegs. Die Ereignisse in den Jahren 1942/43 bildeten die Grundlage für die Einberufung der Jugendlichen. Im Verlauf des 2. Weltkrieges weiteten sich die Kampfhandlungen durch Flugzeuge auf die Zivilbevölkerung in den Städten und Ortschaften aus und schaukelten sich als Luftkrieg hoch.

Auch im Zwei-Fronten-Krieg um Nordafrika waren die deutschen und italienischen Truppen nach erbitterten Kämpfen mit den Briten zahlenmäßig unterlegen und mussten den Rückzug antreten.

1943 hatte sich die Lage in Nordafrika so zugespitzt, dass nur noch die Kapitulation möglich war. Der Verlust von weiteren 200.000 Soldaten stellte die NS-Führung vor enorme personelle Probleme - an allen Fronten fehlten Soldaten.[28]

Da bot sich das Bodenpersonal der Luftwaffe, insbesondere der bis dahin nicht ausgebluteten Flak, an. Flakbatterien wurden „ausgekämmt" und die Soldaten in Russland eingesetzt. Es wurden elf Luftwaffenfelddivisionen für den Erdkampf aufgestellt. Doch dies stellte nur eine Verlagerung dar, an anderen Stellen benötigte man wieder neue Männer. Die Bombenangriffe auf deutsche Städte wurden häufiger und die Flak musste neu besetzt werden. Nach verschiedenen Experimenten mit Milizen und sogar sowjetischen Kriegsgefangenen wurde im Jahr 1943 der Einsatz von Luftwaffenhelfern und Marinehelfern aufgrund der gesetzlichen Notdienstverordnung vom Oktober 1938 geschaffen.[29]

Hohenberger berichtet dazu: *„Es sprach sich herum, dass in manchen Städten Schüler des Jahrgangs 1926 zur Flak herangezogen wurden. Ab und zu sah man mit Bewunderung und Respekt Soldaten auf Bahnhöfen in ihren schmucken blauen Uniformen der Luftwaffe stehen. Die Erfahrungen seitens der Einsatzführung waren sehr positiv: ,Man stieß auf hoch motivierte, einsatzfreudige Jungen, die dank ihrer schulischen Bildung eine schnelle Auffassungsgabe hatten und mit der Waffentechnik schnell zurechtkamen.' Ich erinnere mich, wie sich manche Ausbilder abmühten, Sachen verständlich zu machen, die wir längst kapiert hatten. So wurde auch uns, an der damaligen Oberschule für Jungen in Hof, im August 1943 eröffnet, dass die Jahrgänge 1926 und 1927 als Luftwaffenhelfer herangezogen werden. Hauptmann Held von der Flakgruppe Schweinfurt hielt für die Eltern einen Einführungsvortrag."*

Ansprache des Hauptmann Held, LWH-Vertrauensoffizier der Flak-Gruppe Schweinfurt, an die Eltern über die Einberufung der Luftwaffenhelfer:

„750 Jungen sind bereits nach Schweinfurt eingezogen worden, 900 weitere werden jetzt einberufen, und zwar aus 12 Städten Nordfrankens. Bei diesem großen Apparat, der erst vorgestern in Bewegung gesetzt wurde, bekommen die Eltern vielleicht nicht gleich Bescheid über die einzelnen Jungen. Im Notfall Auskunft über Feldpostnummer der Dienststelle: L55 936 [...]

Wir müssen den letzten Mann für die Front freimachen, deshalb sind behelfsmäßige Kräfte nötig. Die wertvollsten sind Ihre Jungen. Wir sind uns bewusst, welches Opfer sie durch ihre Hingabe bringen, denn wenn diese auch noch nicht Soldaten werden, treten sie doch ein in den aktiven Dienst der Wehrmacht. Darüber müssen wir klar sein.

Der Bereich des Einsatzes erstreckt sich bis Luxemburg, also weite Entfernung von der Heimat möglich. Wir können uns vorstellen, welche Sorgen und Nöte Sie haben, sind aber Ihren Sorgen und Wünschen nicht so fremd, wie Sie meinen. Wir müssen bereits sämtliche Schüler von Würzburg und Bamberg heranziehen. Jetzt brauchen wir sie alle, um sie in Schweinfurt einzusetzen. Die Erfahrungen, die wir gemacht haben, kommen Ihren Jungen zugute. Die körperlichen Kräfte werden nicht überfordert. Es kommt nicht vor, dass sie als Munitions- oder Ladekanoniere verwendet werden. Wohl aber sind sie für neue Geräte und komplizierte Aufgaben nötig, die ein Mann über 40 nicht mehr leisten könnte. Die jungen Leute gehen mit Begeisterung heran. In wenigen Wochen sind die Gerätebedienungen eingespielt, dann ersetzen sie die Soldaten. Ich darf Ihnen keine Zahl nennen, in welchem Umfang die Jugend heute schon mitkämpft. Die Frage, ob Heimweh, wäre eine Beleidigung der Jungen. Alles finden sie prima! Es sieht aber auch jeder auf sie, vom Chef bis zum Kanonier, die ja selbst Väter sind.

Welch ein Schreckgespenst jetzt, dass vor 10 Tagen erst Angriff auf Schweinfurt war! Es ist aber keiner der 750 Jungen, die dort waren, verletzt worden. Wir übernehmen freilich keine Verantwortung, dass es immer so sein werde. Wir können ja beten! Aber es kommen viele Jungen zur aktiven schweren Batterie, die nicht im Objekt steht, sondern außen um die Stadt herum. Die Flak hatte 4 Leicht- und 2 Schwerverletzte. Das waren aktive Soldaten.

Am 1. Sept. [1943] um 7.40 Uhr geht der Zug von Hof ab. Ein Offizier fährt nach Selb vor und rollt auf. Von jeder Schule fährt ein Lehrer mit und bleibt, bis alles an Ort und Stelle in Ordnung ist. Es steht nichts im Weg, wenn Sie Ihre Jungen besuchen wollen. Der Batteriechef wird sich freuen, Ihre Bekanntschaft zu machen. Er wird einige Minuten für Sie Zeit finden. Die Jungen dürfen einmal im Monat 2 Tage heim. Sie sind nicht voll eingespannt, wie bei Soldaten: 3 LWH = 2 Soldaten. Die Gesundheitsämter waren z. T. sehr vorsichtig, zumal bei Untergewicht. Wenn Sie drei Wochen in der Stellung sind, dann kriegen sie Hunger. Möglichkeit sich satt zu essen, ist gegeben. 10 Stunden Schlaf, einschließlich Mittagsruhe, sind gewährleistet. Sie werden sich freuen, Ihre Jungen in einigen Wochen wieder zu sehen. Sie werden herausgeholt aus sich selbst. Ihre Söhne fühlen sich restlos wohl. Die Besoldung beträgt 0,50 RM täglich, 15 RM für jeden angefangenen Monat beim Ausscheiden."

4.3 Zeitpunkte der Einberufung

Der „Heranziehungsbescheid von Schülern zum Kriegshilfseinsatz der deutschen Jugend in der Luftwaffe" regelte auf vier Seiten die Rechtsverhältnisse der Luftwaffenhelfer einschließlich des Schulunterrichts. In Hof wurden sie vom Polizeidirektor unterschrieben, anderenorts auch von Oberbürgermeister oder Landrat. Der Bescheid betraf die Oberschüler der Geburtsjahrgänge 1926, 1927 und später auch 1928. Ausgenommen von der Rekrutierung waren

nur die Jungen, die leitende Positionen in der Hitler-Jugend inne-
hatten. Sie sollten „die Jugendorganisationen im Heimatbezirk im
Sinne der NS- Ideologie" am Leben erhalten.[30]

Gerhard Greim berichtet, dass den Schülern der 6. Klasse[IV] nach
Ende der Sommerferien 1943 in Hof eröffnet wurde, dass die Schüler der Jahrgänge 1926 und 1927 zur Flak nach Schweinfurt müss-
ten. Die Älteren seiner Klasse waren bereits zur Wehrmacht eingezogen.

Die erste Welle der Jahrgänge 1926 und 1927 reiste am 1. September 1943 nach Schweinfurt. Eichhorn erinnert sich, nicht einmal
mehr ausreichend Zeit zur Verabschiedung gehabt zu haben: *„Ich
wollte Pilot werden, war bei der Segelflieger-HJ und kam vom Flieger-
lager, wo wir die Pilotenscheine A, B und C ein Jahr nach dem anderen
erflogen hatten, gerade nach Hause. Ich habe den Rucksack gar nicht
mehr richtig auspacken können."*

Teile des Jahrgangs 1927 und 1928 wurden im Januar 1944 einberufen. Bert Wagner, der ihnen angehörte, erzählt: *„Man muss beden-
ken, wir waren ja eigentlich noch Kinder. Ich war, wie die Einberufung
kam, 15,5 Jahre alt. In meinem Tage-
buch habe ich später einen Eintrag vom
3. Januar 1944 gefunden: ‚Früh Einberufung geholt,
mittags raus nach Hause, nachmittags Eisenbahn gespielt'
– eine Woche später haben wir bereits Geschütze gereinigt."*

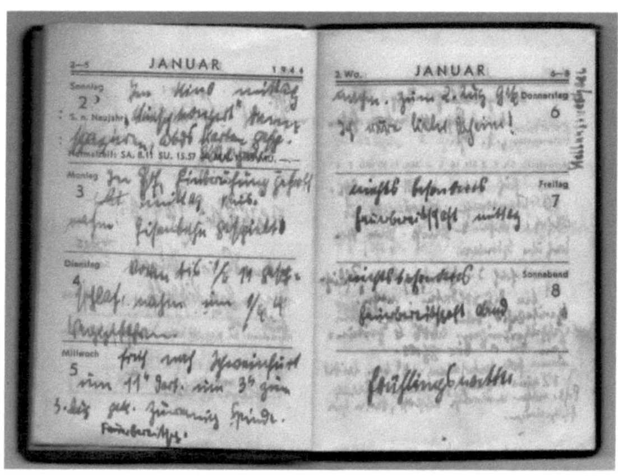

Original -Tagebuch vo Bert Wagner

Heranziehung von Schülern
zum Kriegshilfseinsatz der deutschen Jugend
in der Luftwaffe

An

Herrn / ~Frau / Fräulein~   *Hans G r e i m*

in   *S c h w a r z e n b a c h /S.,*
      Adolf Hitlerstrasse 22.

(als Erziehungsberechtigten des nachstehend genannten Schülers) *)

Die deutsche Jugend der höheren und mittleren Schulen wird dazu aufgerufen, in einer ihren Kräften entsprechenden Weise bei der Luftverteidigung des Vaterlandes mitzuwirken, wie dies in anderen Ländern schon lange geschieht. Schüler bestimmter Klassen der genannten Schulen sollen als Luftwaffenhelfer für Hilfsdienste bei der Luftwaffe eingesetzt werden.

Hierfür wird der Schüler   *Gerhard G r e i m*

geboren am   *1. Mai 1926*   der *7. Klasse der Ober –* Schule

in   *H o f*

auf Grund der Notdienstverordnung vom 15. Oktober 1938 (Reichsgesetzbl. I S. 1441) bis auf weiteres zum langfristigen Notdienst herangezogen und der Luftwaffe zur Dienstleistung zugewiesen.

Er hat sich am   *1. 9.*   1943 um   *10*   Uhr in seiner Schule zu melden. Der Einsatz erfolgt vorläufig ~am Schulort oder in dessen unmittelbarer Umgebung~ **).
                    außerhalb des Schulorts

Die Schüler werden geschlossen der Einsatzstelle zugeführt.

Dieser Heranziehungsbescheid ist mitzubringen ***).

Die umstehenden »Anordnungen« sind genau zu beachten.

    H o f /S. , den   *30. August*   1943.
    (Ort)   (Datum)

                 Der Polizeidirektor
                 Im Auftrage:

(Unterschrift des Polizei-Präsidenten, Polizei-Direktors,
Oberbürgermeisters oder Landrats)

*) Bei Heimschülern, die im Heim wohnen, ist eine zweite Ausfertigung des Heranziehungsbescheids an den Leiter der Schule zu richten unter Streichung der eingeklammerten Zeile.

**) Nichtzutreffendes ist zu streichen. Als Einsatz außerhalb des Schulortes gilt jeder Einsatz, der außerhalb des Gemeindebezirkes des Schulortes bzw. weiter als eine Verkehrsstunde von der Schule entfernt erfolgt.

***) Bei Heimschülern ist auf der für den Erziehungsberechtigten bestimmten Ausfertigung des Heranziehungsbescheids diese Zeile zu streichen, da der Schulleiter diese Weisung für den Schüler erhält.

Heranziehungsbescheid von Gerhard Greim

Den Heranziehungsbescheiden war unbedingt Folge zu leisten. Eine Nichtbefolgung hätte die Konsequenz gehabt, von der höheren Schule und damit vom Abitur ausgeschlossen zu werden. Es ist aber auch nicht bekannt, dass gegen die Mobilisierung von Jugendlichen laut protestiert wurde. Die Eltern nahmen die Heranziehung ihrer Jungen überwiegend ohne Gegenwehr auf.[31] *„Einige Eltern versuchten, durch Geltendmachen körperlicher Beeinträchtigungen Befreiungen zu erreichen, meist jedoch ohne Erfolg. Die meisten Familien waren nach außen völlig ruhig, um nicht als Regimegegner diskriminiert zu werden"*, so Walter Rausch. *„Aber die Mütter und Eltern waren sehr betrübt."*

Schlussfeier der Oberschule Hof im Juli 1943

Bert Wagner erinnert sich an folgende Begebenheit im Zusammenhang mit seiner Einberufung: *„Als wir Jungen dann um Weihnachten benachrichtigt wurden, erinnere ich mich noch, dass ich mit meinen Eltern spazieren gegangen war. Dann sagte meine Mutter zu meinen Vater, wenn die den Bert auch holen, dann bin ich erschossen. Der Ausdruck ist mir viele Jahre nachgegangen oder jedenfalls während der ganzen Zeit. Die Eltern haben sich sehr viel Kummer gemacht und auch viel geschrieben."*

Die Mehrzahl der Jungen ging gerne zum Einsatz an die Flak, denn auch die Kinder und Jugendlichen unterlagen der „Gehirnwäsche" des gleichgeschalteten Nazi-Propaganda-Systems. Sie wuchsen mit dem Bewusstsein auf, Deutschland würde in einem Krieg kämpfen, der ihm von den Feinden aufgezwungen wurde, wie es offiziell hieß.

Georg Schäfer, einer der Schweinfurter Luftwaffenhelfer, versuchte die Geisteshaltung an bedeutsamen Gesichtspunkten zu erklären: *„Pflichtgefühl - man konnte und wollte nicht abseits stehen, Vaterlandsliebe - das ist keine typisch deutsche Eigenschaft und keine Er-*

findung der Nazis, Genugtuung - speziell als Einwohner Schweinfurts wollten wir bei der Verteidigung unserer Heimatstadt eine aktive Aufgabe übernehmen. Mit jedem Einsatz stieg unser Selbstbewusstsein, weil wir als Jugendliche Pflichten übernahmen, die normalerweise von Erwachsenen erfüllt wurden. Unser Gefühl für Solidarität und Kameradschaft wurde gestärkt, was wir in unserer Klasse bis heute bewahrt haben. Ein Gefühl der Dankbarkeit, weil wir den teilweise unbeliebten Aktivitäten der Hitler-Jugend entronnen waren und natürlich, ich will es nicht leugnen, ein gewisses jugendliches Gefühl von Abenteuer."

Bert Wagner erklärt dazu: *„Die Luftwaffenhelfer waren Zwitter: Zum einen waren sie noch halbe Kinder, zum anderen standen sie bereits im ernsthaften Wehreinsatz. Darauf waren wir Jungen immer noch recht stolz"* und Gottfried Hohenberger ergänzt dazu: *„Ein Drückeberger wollte man nicht sein. Im Gegenteil, es überwog die Einstellung, dass man nun zu etwas Wichtigerem gebraucht würde, als die Schulbank zu drücken."*

Heißt Flagge!

Die bevorstehende Einberufung zur Flak hat keinem der Hofer Oberschüler geschmeckt. Kein Wunder – wir hofften zwar immer noch auf einen Sieg, wenn auch immer stärker mit der spekulativen Alternative, was sein würde, wenn wir den Krieg verlören. Auch wusste man, dass der Dienst als Luftwaffenhelfer an der Waffe mit dem Risiko verbunden war, durch Feindeinwirkung verwundet zu werden oder gar sein Leben zu verlieren. Obwohl ich von der ersten Gymnasialklasse an Schülerheimer war, - „Pappenheimer" nannten wir uns – und gerne im mittlerweile ausquartierten Ersatz-Schülerheim in der Sedanstraße in Hof lebte, waren mir paramilitärische oder massensportliche Veranstaltungen, wie Geländespiele, Bannsportfeste, vor allem auch das Wehrertüchtigungslager suspekt. Gerade das Letztere musste ich in Freystadt in der Oberpfalz, bei Kirchenlaibach gelegen, kurzfristig erleiden, bis ich dank meines Herzfehlers vorzeitig entlassen wurde. Die für meine Vorstellungen ungeheuer frühen Morgenappelle auf dem Exerzierplatz mit völkisch-nationalsozialistischen Liedern zum Aufziehen der Hakenkreuzfahne waren mir ein Gräuel.

So konnte es, als die 27er bereits nach Schweinfurt einberufen wurden, einerseits sehr schnell zu einer alltägliche Frage an unsere älteren Kameraden kommen, als diese von ihrer Grundausbildung Schauermärchen berichteten: „Wie ist das denn am frühen Morgen? Gibt es da einen Appell auf dem Exerzierplatz mit dem von der HJ her wohlbekannten Befehl „heißt Flagge?" „Nein nein, für Morgenappell ist häufig keine Zeit und kein Anlass", war die Antwort. Ich zog das Fazit: „Na ja, dann ist ja der Luftwaffenhelferdienst gar nicht so schlimm".

Eine Geschichte von Bert Wagner

Die Jungen durften von Amts wegen nicht Soldaten genannt werden, da dies nicht im Sinne der NS-Propaganda gewesen wäre und zudem noch gegen internationales Recht verstoßen hätte. Somit wurden die jungen Flakhelfer im Rahmen der Hitler-Jugend eingesetzt. Offiziell trugen sie die Bezeichnung „LW-Helfer (HJ)" *„Eigentlich waren wir Hilfsdienstleistende der Hitlerjugend, die zum Ausgehanzug ihre rot- weiß-rote Armbinde mit Hakenkreuzemblem tragen sollten, und die neben den militärischen Diensten auch noch Schulunterricht haben sollten",* erklärt Walter Rausch. Die Zugehörigkeit zur Hitler-Jugend war aber nicht so eindeutig klar. Viele der Luftwaffenhelfer nahmen die Betreuung als Staatsjugend kaum wahr. Sie hatten nichts Eiligeres zu tun, als das HJ-Kennzeichen abzulegen, sobald sie die Stellung verliesen. Man wollte als vollwertiger Soldat anerkannt werden, schließlich leistete man die Arbeit eines solchen.[32]

Der „Eid des Luftwaffenhelfers"
Ich verspreche als Luftwaffenhelfer, allzeit meine Pflicht zu tun, treu und gehorsam, tapfer und einsatzbereit – wie es sich für einen Hitlerjungen gehört.

4.4 Abschied und Reise nach Schweinfurt

Am 1. September 1943 startete der erste Zug mit Luftwaffenhelfern für Schweinfurt vom Hofer Bahnhof. Die Jungen mussten sich von ihren Familien verabschieden, die meist nur noch Mütter und jüngere Kinder umfasste. Der Spielmannszug der Hitler-Jugend verabschiedete die Oberschüler. Die Zahl der Luftwaffenhelfer im Herbst 1943 wird

Bahnhhof Hof

bei sorgfältiger Schätzung mit etwa 1000 angenommen. Wenn man die späteren Ablösungen durch jüngere Jahrgänge berücksichtigt, kann man davon ausgehen, dass Schweinfurt von circa 2500 Schülern zwischen Frühsommer 1943 und der Besetzung durch die US-Armee 1945 geschützt wurde. Für ganz Deutschland rechnet man, dass circa 100.000 junge Männer oder besser gesagt Jugendliche an die Kanonen gestellt wurden.[33]

Die zweite Gruppe der Schüler verließ Hof am 5. Januar 1944. Um 3.41 Uhr machte sich ein Schnellzug mit drei Klassen der Oberstufe auf den Weg nach Schweinfurt, um die Flakstellungen mit weiterem Personal zu versorgen. Werner Fehler erinnert sich an den Abschied: *„Wir hatten Tränen in den Augen, aber keiner hat geweint. Unsere Mütter hatten uns an den Bahnsteig gebracht, unsere Väter waren ja längst alle im Krieg."*[34] und Bert Wagner ergänzt: *„Wir waren ja noch familienbehütet; dass der Vater oder der große Bruder ins Feld mussten, war ‚normal' im Krieg, aber dass es in die Familien, in den Bereich der Kinder hinein ging, war eine gewisse Zäsur. Im Grunde waren wir die ersten Kindersoldaten."*

5 Der Alltag der Schülersoldaten

5.1 Die Ankunft in der Stellung mit Uniformierung

Erschöpft kamen die ersten Jungen am 1. September 1943 in der Kugellagerstadt Schweinfurt an. *„Am Stadtbahnhof standen bereits einige Unteroffiziere bereit. In dreireihigen Marschkolonnen brachte man uns zu unserem Barackenlager"*, berichtet Walter Rausch. Für Heribert Eichhorn war der Tag der Anreise ein ganz besonderer, denn es war gleichzeitig auch sein 17. Geburtstag. *„Meine Mutter hatte mir einen Kuchen gebacken, den sie mir mit gab. Damals gab es ja Kriegskuchen, der mit Käse oder Quark oder was gerade vorhanden war, gestreckt wurde. Diesen packte ich in meinen Rucksack, damit ich nicht so viel zu tragen hatte."* Nach der Ankunft ging es für die Jungen zuerst in ihre Baracke, jeder besetzte eins der doppelstöckigen, strohgefütterten Betten. *„Ich wollte nicht nach oben und schmiss meinen Rucksack somit auf eines der unteren Betten."* Er ließ sich erstmal kurz nieder, um nach der Reise durchzuatmen: *„Prompt habe ich mich doch auf meinen Rucksack gesetzt, da war mein schöner Geburtstagskuchen ziemlich zerbröselt."* Am Abend wollte er ihn mit seinen Klassenkameraden teilen. *„Da saß ich nun, mit meinem schönen Kuchen, der nun nicht mehr gut zu zerteilen war."*

Nach dem Ablegen der mitgebrachten Sachen in ihren Unterkünften, ging es für die Jungen erst einmal zur Einkleidung. Gottfried Hohenberger hat daran keine guten Erinnerungen, er meint, es hätte tagelang gedauert. Heribert Eichhorn berichtet, dass sich alle bei der Kleiderkammer auf dem Batteriegeschäftsstand zu versammeln hatten. *„Da mussten wir gleich ganz schön weit laufen, die Stellungen waren ja ziemlich weit draußen auf freiem Feld, um uns waren Äcker, da haben die Bauern gepflügt."*

Als die Schüler aufgereiht dort standen, musterte der Kleiderkammerwachtmeister oder anderes Hilfspersonal sie entsprechend ihrer Größe. Danach schleppten diese Rucksack, Mantel, Uniformrock mit Hose, Drillichanzug, Schnürschuhe, Socken, Unterwäsche, Schirmmütze und Schiffchen, Kochgeschirr, Stahlhelm, Koppel[V], Gasmaske im entsprechenden Behältnis zum Umhängen und Ähnliches heran. Heribert Eichhorn berichtet, dass danach ein „Ringelspiel" begann: *„Es hieß Antreten, zum Beispiel im Drillich, der Arbeitskleidung. Sofort fingen alle zu lachen an, weil die Kleidung entweder zu groß oder zu klein, zu lang oder zu kurz war und es nur einige wenige Volltreffer gab."* Die Ausbilder schwirrten umher und schätzten, dann hieß es für die Jungen nach Augenmaß zu tauschen. So ging es auch mit der eigentlichen Uniform weiter. Soweit der Tausch nicht fruchtete, denn von Änderungsschneidern sei nie die Rede gewesen, mussten die Betroffenen erneut in die Kammer marschieren. Die Jungen mussten so lange suchen und tauschen, bis es einigermaßen passte. Etlichen war der Stahlhelm entweder zu groß oder zu klein. *„Der so genannte ‚Kammerbulle', also der Wachtmeister der Kleiderkammer, brachte schließlich nach einer ganzen Weile einigermaßen alles auf die Reihe."*

Schüler der Klassen 7a,b und c der Hofer Oberschule nach der Einkleidung. Im Hintergrund die Kugellagerfabriken, September 1943

V   Gürtel

Aus heutiger Sicht sieht Walter Rausch die Uniformen als einen geschickten Werbetrick der Verantwortlichen, um die Akzeptanz der Jungen für die Verhältnisse zu befördern. *„Ich finde die Uniform heute, wie auch damals, sehr gelungen.“* Er meint die Uniformen der normalen Soldaten seien weit weniger attraktiv gewesen.

„Ohne Kopfbedeckung durfte man überhaupt nirgendwo hin laufen“, erinnert sich Heribert Eichhorn an die Reglementierungen der Uniform. In einem der Erlasse zum Luftwaffenhelfereinsatz heißt es weiterhin: *„Die Luftwaffenhelfer tragen die Uniform der Flieger-HJ. Gebietszugehörigkeitsabzeichen der Hitlerjugend sind neben dem Luftwaffenhelferabzeichen weiter zu tragen.*[35]*“* Das gefiel keinem der Oberschüler so recht. Walter Rausch meint: *„Wir fühlten uns als Soldaten und versteckten die HJ-Armbinde stets in der Innentasche. Niemand nahm daran Anstoß, vielmehr waren wir in gewisser Weise stolz, als vollwertige Soldaten akzeptiert zu werden.“*

Der Einberufungsbescheid gab vor: *„Eigene Kleidungsstücke sind nicht mitzubringen, abgesehen von der Reisekleidung, die nach Einkleidung an die Eltern zurückgesandt wird.“* Zu diesem Zweck musste jeder der zukünftigen Flakhelfer einen Karton mit der Heimatanschrift dabei haben.

Kleidung und Ausrüstung wurden aber auch für kreative Strafaktionen herangezogen. *„Unsere Vorgesetzten haben mit uns Unsinn getrieben, es wurde beispielsweise ‚Maskenball‘ gespielt. Wir mussten uns ständig aus und wieder anziehen und wer dabei der Letzte war, der bekam Ärger“*, erzählt Eichhorn. Falls man sich etwas zu Schulden hatte kommen lassen, wurde man zum Batteriechef zum Rapport bestellt. Dorthin mussten die Jungen mit Ausgehuniform, aufgesetztem Stahlhelm und der umgehängten Gasmaske marschieren. *„Das war eine arge Strafe, weil man ungefähr eine halbe Stunde zur Batteriebefehlsstelle laufen musste.“* Eichhorn erinnert sich, dass man sich aus diesem Grund lieber gut benommen hat. Es gab noch andere Methoden, die die Vorgesetzten nutzten, um die Luftwaffenhelfer bis an ihr Äußerstes zu treiben. Der Befehl „Hinlegen-aufmarsch-marsch" bedeutete, dass die LW-Helfer sich auf den blanken, nassen und schlammigen Boden werfen mussten, um danach sofort wieder aufzuspringen und im Dauerlauf weiter zu rennen. Diese Übung erfolgte nicht ein oder zwei Mal, sondern eine ganze Stunde lang. Nach dieser Tortur war die Exerzieruniform[VI] meist verschlammt und durchnässt. Die Rekruten wurden in ihre Stellungen geschickt mit dem Befehl, nach wenigen Stunden mit frisch gewaschener Kleidung erneut zum „Hinlegen-auf-Marsch-Marsch" anzutreten. Nachdem sich die Eltern der Jahrgänge 1926 und 1927 über diesen Exerzierbefehl beschwerten, wurde dieser zurück genommen. An dessen Stelle trat allerdings eine Art Gefechtsübungsbefehl „Volle Deckung – Sprung auf!", der auf das Gleiche hinauslief, wie vorher „Hinlegen-auf-Marsch-Marsch".

Schuhsperre

Ein unangenehmes Erlebnis hatte ich in Schweinfurt, dem zufolge ich zu einem Jahr Ausgangssperre, Urlaubssperre, Beförderungssperre, Marketenderwarensperre und fünffachem Wertersatz verknackt werden sollte. Angesichts dieser Strafandrohung, wegen der von mir verursachten Schwächung der deutschen Wirtschafts- und Verteidigungskraft fühle ich mich sogar noch heute mit verantwortlich für das katastrophale Ende des Krieges – wenn mir hier ein kleiner Wortscherz erlaubt sei. Die näheren Umstände erklären sich so: Wir Luftwaffenhelfer waren mit zwei Paar Schuhen ausgestattet worden. Das eine Paar nützte ich für den täglichen Gebrauch, das andere jedoch stand blank geputzt in Spind für die willkürlichen Schuhappelle. Die Schuhe, die ich täglich gebrauchte, waren durch Schmelzwasser durchnässt, so dass ich sie abends auf den Betonsockel neben dem eisernen Ofen zum Trocknen gestellt hatte. Durch die Erschütterungen, die meine Barackenkameraden beim morgendlichen Umhertollen verursachten, kippten sie zur Seite und wurden am heißen Ofen versengt.

VI   Drillich

Die Folge war ein regelrechter Bruch des Oberleders. Zwar versuchte ich diese beschädigte Stelle mit Schuhcreme zu kaschieren, aber der Batterieschuster entdeckte bei der nächsten Reparatur diesen Frevel. Der Hauptwachtmeister, dessen Namen ich vergessen habe, eröffnete mir dann den ganzen Umfang der militärischen Strafandrohungen.

Offensichtlich sind jedoch alle einschlägigen Unterlagen beim Luftangriff am 24. Februar 1944 in der Verwaltungsbaracke verbrannt. Sie wurde von einer Brandbombe getroffen. Ich habe erst dann wieder ein Paar Schuhe erhalten, als Klassenkamerad Willy Dunkel aus Rehau zur Wehrmacht einberufen wurde. Der sandte seine Luftwaffenhelferuniform von Rehau aus an eine Tante in Schweinfurt zurück, die mir dann daraus die Schuhe zukommen ließ.

Von Edgar Schubert

5.2 Die Unterbringung

„Die Ausstattung der Unterkünfte mit Wandschmuck ist durch die Luftgaukommandos zu sichern ... Die Alkohol- und Tabakportionen dürfen für die Luftwaffenhelfer nicht empfangen werden, stattdessen sind Vitamindrops oder Süßigkeiten auszugeben.“[36]So heißt es in der Dienstanweisung des Reichsluftfahrtministers über den "Kriegshilfseinsatz der Jugend in der Luftwaffe" vom 26. Januar 1943.

Diese markante Aussage stellt das ganze Ausmaß der damaligen Situation treffend dar. Denn es reisten keine Männer nach Schweinfurt in ihre Unterkünfte an - sondern Jungen. Absurd scheinen diese Worte im Bezug darauf, was diese Kinder dort erwartete. Denn ihr Alter und die daraus entstehenden Bedürfnisse wurden nur bei der Verpflegung berücksichtigt. Doch allein Süßigkeiten und netter Wandschmuck konnten die Hofer Luftwaffenhelfer nicht lang von der Tristesse ihrer Unterkünfte ablenken.

Baracke

Die Oberschüler wurden nach ihrer Ankunft sofort in die Unterkünfte gebracht. Die Eindrücke über die neue Wohnstätte, die nun für unbestimmte Zeit sein Zuhause sein sollte, beschreibt Bert Wagner: *„Die Unterbringung war schäbig. Die Baracken waren ja keine festen Gemäuer, sondern provisorische Holzhütten, die im Allgemeinen in der Nähe der Geschütze waren. Denn wir mussten ja, wenn ein Alarm war, so schnell wie möglich an der Waffe sein."* Heribert Eichhorn meint dazu: *„Also das waren vielleicht 30 Meter, denn wir mussten ja Tag und Nacht nah am Geschütz sein."*

Die Zustände, unter denen die Jungen leben mussten, waren mehr als einfach. Für Privates blieb nicht viel Platz. Heribert Eichhorn erinnert sich, dass bis zu 20 Mann in einer Baracke waren. *„Zur Waschbaracke mussten wir dann früh immer extra gehen, auch das Klo war anderswo."* Für das Stammpersonal samt Oberwachtmeister gab es in der Umgebung weitere Schlaf- und Unterkunftsbaracken. An die Luftwaffenhelferbaracken war zusätzlich ein kleiner Raum angeschlossen, der als Telefonzimmer diente, und eine große Ess- und Aufenthaltsbaracke. Für die russischen „Hilfswilligen" gab es eine zusätzliche Unterkunftsbaracke.

Heribert Eichhorn erinnert sich, dass sich die Stellung selbst einige 100 Meter mainabwärts von der begehbaren Gerolzhöfer Eisenbahnbrücke befand. *„Die Gegend ist heutiges Schweinfurter Hafengebiet."* Die Stellung wäre von Mainwiesen und Äckern umgeben gewesen und hätte über eine leichte Böschung entlang eines Trampelpfads zum Main hinunter geführt. *„Von dort konnte man Wasser holen oder an warmen Herbsttagen nach Dienstschluss auch gelegentlich baden gehen".*

Eichhorn, der direkt neben Walter Rauschs Scheinwerferstellung an der Gerolzhöfer Brücke stationiert war, erinnert sich, diesen nie gesehen zu haben. *„Die waren ja nur fünf Mann, hatten eigene Schlafräume und haben auch allein gegessen."* Somit sah Rauschs damalige Unterkunft ganz anders aus. *„Wir hatten eine einfache Holzbaracke mit Schlafraum für sechs Personen - mit fünf Betten für Luftwaffenhelfer und einem Bett für einen Unteroffizier. Zusätzlich gab es einen kleinen Aufenthaltsraum mit Tisch und Stühlen, sowie einen Kanonenofen. Neben der Mannschaftsbaracke befand sich unser Scheinwerfer mit einer etwa einen halben Meter hohen Umgrenzung. In einer weiteren Baracke gleich daneben befand sich nicht nur der Stromgenerator, sondern auch ein Hasenstall mit Bewohnern, als gelegentliche Nahrungsergänzung. Futter für die Hasen war leichter zu haben als für Menschen, da die Stellung auf freiem Acker neben Wiesenhainen lag"*.

Innenaufnahme einer Schlafbaracke

Die hygienischen Verhältnisse in den Lagern waren schlecht. Als einzige direkten Nachbarn hörten die Jungen Ratten, die sich unter der Baracke eingenistet hatten. Das fanden sie aber immer noch besser, als die Situation bei den benachbarten Scheinwerfern, deren Besatzung aus einer anderen Stadt kam und ihre Wanzen gar nicht mehr los wurde.

Doch nicht nur die Unterkunft, in der sie nun lebten, war für die jungen Flakhelfer ungewohnt, sondern auch die Situation selbst. Sie wurden aus ihrer gewohnten Umgebung und dem behüteten elterlichen Heim gerissen. Ihre fortan kurzen Nächte verbrachten sie nicht mehr im eigenen Bett gleich neben dem Schlafzimmer der Eltern, sondern in einfachen Baracken mitten auf dem Feld. Von Gemütlichkeit innerhalb der Gebäude konnte keine Rede sein, Pragmatismus war vorherrschend. Wenn eine gewisse Gemütlichkeit in den Baracken entstand, dann nur auf Grund ihrer Bewohner. Schon ein einfaches Radiogerät konnte manchen Baracken einen Hauch von Luxus verleihen.[37]

Natürlich herrschte bei der Wehrmacht auch im Krieg Ordnung. Der Ärger mit dem Stubendienst blieb vielen Luftwaffenhelfern in Erinnerung. Mit primitivsten Geräten wurden jeden Samstag beim Generalreinemachen die Buden

Baracken I. Zug Schweinfurt-Oberndorf, Oktober 1943

geschrubbt und gescheuert. Die anschließende Kontrolle, bei der immer aus irgendeiner Ecke Schmutz herbeigezaubert wurde, führte zu kreativen Strafaktion von Wachtmeistern und Unteroffizieren. Außerdem erinnert sich Eichhorn an sogenannte Spindapelle. *„Da musste das Hemd ganz akkurat zusammengelegt sein, sonst hat der Unteroffizier vom Dienst das alles rausgeschmissen. Das Essgeschirr musste auch immer gesäubert sein. Also erhebend war das nicht. Da war man froh, wenn der Tag um war.“*

Nachtruhe war für die Luftwaffenhelfer schon um 21:00 Uhr, doch meist waren sie so müde, dass sie diese Frist einhielten. Schlafen konnten sie nun bis zum nächsten Alarm, das konnten auch mal mehrere pro Nacht sein. Dann mussten sich die Jungen im Halbschlaf in ihre Uniform begeben. Diese wurde pflichtgemäß auf einen Hocker am Bettrand aufgeschichtet, um im Alarmfall schnellstmöglich zum Geschütz zu kommen.[38]

5.3 Die Verpflegung - „keine Gourmetveranstaltung"

„Für uns Luftwaffenhelfer gab es mittags zusätzliche Essensrationen. Wir waren eine voll uniformierte und kasernierte deutsche Luftwaffeneinheit mit scharfen Waffen, die dann als Kinder Milchspeise bekommen haben." Mit diesen ironischen Worten äußert sich Bert Wagner über die Verpflegung der Flakhelfer bei der Wehrmacht.

„Das eigentliche Essen, das täglich in Kanistern geholt werden musste, war mäßig. Die Lehrer, die meist mit uns aßen, erklärten, in anderen Batterien wäre es wesentlich besser", so Gerhard Greim. Doch keiner der Flakhelfer hat positive Erinnerungen an die Lebensmittelversorgung während des Einsatzes, obwohl sie schon bevorzugt behandelt wurden. Denn zusätzlich zur kalten Kost früh und abends gab es für die Heranwachsenden in der Lebensmittelrationierung Zusatzportionen: Milch und Milchprodukte, Nährmittel, Teigwaren und auch Kunsthonig. Diesen nannte man „Kitzinger", da er aus der Zuckerfabrik Kitzingen stammte. *„Es gab eben alles, was groß und stark für den Führer machte"*, so Bert Wagner.

Obwohl es sich bei den Truppenküchen nicht um einfache „Gulaschkanonen" handelte, waren Zubereitung und Distribution in einer Militärküche nicht ganz einfach. Ein Ausweg schien es zu sein, die Lebensmittel einfach zusammen zu schütten und den Luftwaffenhelfern als Zusatzkost darzubieten. So wurde eine tägliche „Milchsuppe" gekocht. Zumindest so lange die Extraportionen noch zur Verfügung standen.

Heribert Eichhorn, einer der ersten Luftwaffenhelfe, bekam die Milch noch pur. *„Aber wir haben nicht jeden Tag Milch bekommen, ich weiß es deswegen genau, weil uns Ukrainer diese Kannen gebracht haben."* Die Milchmahlzeiten hätten bei ihnen angefangen: *„Das haben die Ärzte so gewollt. Diese kamen auf die Idee, dass man uns* *das geben sollte. Die Eltern wurden über die gesunde Kost natürlich sofort informiert. Als Beruhigung für sie, dass man darauf achtete, dass wir auch ordentlich versorgt wurden - da unsere Knochen ja noch im Wachstum waren."*

Januar 1944 - ein freundlicher Ausbilder mit Kochgeschirr an der Feldküche

Bert Wagner erinnert sich, was die Milchsuppe, die die nachfolgenden Jahrgänge bekamen, an Zutaten enthielt: *„gekochte Milch und Zucker, viel Zucker, denn die Suppe war meist pappig süß. Dazu kamen die jeweiligen Einlagen wie Reis, Grieß, aber auch Suppennudeln, Bandnudeln, Fädle oder sogar Sternlenudeln waren zu finden. Diese wurden brav und fachgerecht in der süßen Milch weich gekocht."* So vielfältig wie die Zusammensetzung dieser Kost auch schien, so ernüchternd fiel Walter Rauschs Urteil aus: *„Am Anfang schmeckte das noch, aber bald wurde man dessen überdrüssig und verzichtete darauf".* Die täglichen Essensrationen zu den Stellungen zu liefern, war nicht einfach, da diese im allgemeinen nicht konzentriert waren. Gerade bei der leichten Flak waren die Geschütze und auch Flakscheinwerfer im Gelände rund um die Schweinfurter Industriebetriebe verstreut. Wegen der Luftlage musste das Essen täglich zu verschiedenen Tageszeiten in der Zentralküche mit Wärmebehältern geholt werden. Für die Milchsuppenbehälter waren zwei zusätzliche Essenholer erforderlich. Die Geschützbesatzungen mussten somit zu den Zeiten des Essenholens auf ein Mindestmaß reduziert werden. Bis zu vier Luftwaffenhelfer waren unterwegs, um die Thermophore von der Batteriebefehlsstelle zur Stellung zu tragen. *„Eine knappe Stunde hin zur Küche, eine knappe Stunde wieder zurück"* so Bert Wagner. Laut Walter Rausch war nach der Rückkehr das warme Essen meist wieder kalt geworden. Er erinnert sich, dass die Esskultur „naturgemäß" schlecht war.

Das „kalte" Abendessen wurde in den meisten Batterien in der Stube eingenommen, das Mittagessen hingegen in der Gemeinschaftskantine. Soldaten und Luftwaffenhelfer mussten sich an Schaltern anstellen, um ihre Portion zu bekommen. Die Offiziere und Unteroffiziere konnten sich an gedeckten Tischen niederlassen und bekamen ihr Essen serviert. Beim Mittagessen gab es eine Ausnahme: Um die davon ausgeschlossenen Soldaten wohl nicht zu provozieren, nahmen die Flakhelfer ihre sogenannte „Kinderration", die schon beschriebene Milchsuppe, in ihren Stuben ein.[39]

„Das Essen aus der Militärkantine war halt nun eben Essen und beileibe kein Menü. Militärdienst war keine Gourmet-Veranstaltung." Mit diesen treffenden Worten beschreibt Bert Wagner die Lebensmittelversorgung beim Militär. Dülk und Fickentscher schreiben in ihrem Werk „Feuerglocke": *„Wunsch und Wirklichkeit klafften weit auseinander. Was in den Köpfen vieler Soldaten und Luftwaffenhelfer vorging, verrät das süffisant-freche „Abendgebet der Flak", das damals überall in Umlauf war und das Ex-Leutnant Streit noch nach 45 Jahren fehlerlos aufsagt:"*

> „Müde bin ich, geh zur Ruh,
> schließe meine Äuglein zu.
> Flak, o lass die Augen dein
> Über unserem Städtchen sein.

> Und Du, geliebter Führer,
> gib uns nicht ohne Hering
> Pellkartoffeln, sondern was
> Du frisst und der Göring.

> Keine Butter in der Dose,
> keinen Arsch mehr in der Hose,
> auf dem Clo nicht mal Papier.
> Und trotzdem: Führer, wir folgen dir."[40]

Die Jungen ließen sich einige Alternativen zu den täglichen Rationen einfallen. Die Gegend um Schweinfurt war für ihren Gemüseanbau berühmt. Somit wuchsen draußen, um die Einzelstellungen im

beim Kartoffelgraben

Schweinfurter Grüngürtel herum, Obst, Gemüse und Kartoffeln in reichem Maße. So streiften die Luftwaffenhelfer in ihrer Freizeit im Sommer des Jahres 1944 durch die Umgebung, um sich nahrhafte Ergänzungskost zu organisieren. Bert Wagner berichtet von diesen Erlebnissen: *„Wir kochten auf dem Kohleofen der Werferbaracke für die damaligen Verhältnisse schmackhafte Speisen: Salzkartoffeln, gut gewürzte Gemüsebeilagen zur Kantinenkost, als Nachspeise dann Kirschen, Johannisbeeren und Ähnliches."* Hatten die Jungen Ausgang, so gingen sie in die Schweinfurter Innenstadt und brachten von den dortigen Lebensmittelhändlern würzende Zutaten mit. Die freuten sich immer, die Buben zu versorgen, denn die waren ja die Verteidiger von Schweinfurt, die man gern ein wenig in die Obhut nahm. So entstand aus all den selbst besorgten Zutaten ein Zusatzmenü à la Flakstellung. *„Es war immer ein kleines Fest, das die Besatzungen einschließlich der Geschütz- beziehungsweise Werferführer an einen Tisch brachte"* berichtet Bert Wagner.

5.4 Fremdarbeiter - In der Hierarchie ganz unten

Seit dem Polenfeldzug 1939 war die deutsche Bevölkerung an den Einsatz von ausländischen Kriegsgefangenen, und von sogenannten Fremdarbeitern, gewöhnt. Anfangs waren die männlichen und weiblichen Zivilarbeiter hauptsächlich polnischer, später dann französischer, holländischer und belgischer Herkunft. Seit 1941 kamen sie dann auch aus Russland. Eingesetzt waren diese in der Land- und Forstwirtschaft, im Gewerbe und der Industrie, beispielsweise auch für Munitionstransporte. *„Sie prägten unseren Alltag, besonders auch in Hof mit seiner großen Textilindustrie"*, erinnert sich Heribert Eichhorn. Von Seiten der NS-Parteiführung in Berlin wurden gewisse Verbote hinsichtlich zu enger Kontaktaufnahme mit den Fremdarbeitern erlassen und im Falle von Missachtung mit Strafen gedroht. Eichhorn meint, in der Bevölkerung hätte sich aber trotzdem ein gewisses Miteinander durchgesetzt. *„Beide Seiten erkannten, dass man angesichts der gegebenen Verhältnisse miteinander auskommen musste und zwar so gut wie nur möglich."*

Heribert Eichhorn berichtet, dass die insbesondere vom Reichspropagandaministerium betriebene Hetze auf Fremdarbeiter darin gipfelte, dass zum Kampf gegen den „russischen Untermenschen" aufgerufen wurde. Für die meisten wirkte das unverständlich, denn noch 1939 hatte Hitler mit Stalin einen Nichtangriffspakt geschlossen. Dieser Hass fand sichtlich keinen Anklang, auch nicht in der sogenannten Staatsjugend „Deutsches Jungvolk"[VII] und der „Deutschen Hitlerjugend"[VIII]. *„Mir ist jedenfalls kein Hitlerjugendführer begegnet, der sich in Hasstiraden gegen russische Kriegsgefangene, genannt Hiwi[IX], ausließ"* so Eichhorn.

„Dementsprechend war auch das Verhältnis zu den Fremdarbeitern in unserer Batterie in Schweinfurt, denn man wusste, man brauchte sich gegenseitig", meint Eichhorn Auch die Batterie in Schweinfurt bestand natürlich nicht nur aus den jungen Luftwaffenhelfern und ausgebildeten Soldaten. Ganz unten in der Hierarchieebene gab es noch die Fremdarbeiter. *„Unseren Zug befehligte ein Wachtmeister[X] oder ein Leutnant. Die Geschützführer waren Unteroffiziere, daneben gab es noch etwa drei bis fünf Gefreite oder Obergefreite, uns Luftwaffenhelfer und etwa 15 sowjetische Kriegsgefangene"*, erinnert sich Gerhard Greim. Ihr Batteriechef, Oberleutnant Wenig, ein Jurist

VII   DJ ab 10 Jahre
VIII   HJ ab 14 Jahre
IX   Hilfswillige
X   entspricht Feldwebel

aus Nürnberg, wäre mit seinem Tross und Stab weit weg in der Batteriebefehlsstelle gewesen. So weit wie er räumlich entfernt war, hätte er sich von den Luftwaffenhelfern auch im Persönlichen distanziert gehalten. *„Ich habe nicht erlebt, dass er auch einmal ein Wort mit einem von uns gewechselt hätte"*, so Greim.

Kreigsgefangene Iwan und Krappatsch

In Erinnerung blieben den jungen Hofer Schülern somit eher die sowjetischen Kriegsgefangenen, amtlich „HiWis" (Hilfswillige) genannt, die in einer separaten Baracke in ihrer Nähe hausten. Iwan und Krappatsch, zwei dieser Männer hätten bei ihnen Hausarbeiten verrichtetet. Zu ihren Aufgaben gehörte nicht nur Kaffee kochen oder den Ofen heizen, sondern auch Unterstützung beim Holen der Zusatzrationen für die Jungen. *„Die anderen Luftwaffenhelfer und ich* versuchten die ,Hiwis' aufzumuntern"*, berichtet Eichhorn. *„Durch Gesten, wie ,Hallo wie geht's heute' oder mit einen Klopfen an die Tür ihrer Baracke und dem ,Gute Nacht'-wünschen beim Wachrundgang, versuchten wir die Kriegsgefangenen mit einzubeziehen."* Mit denen, die Deutsch konnten, wechselten sie ab und zu einige Worte über den Tagesablauf. Eichhorn meint auch, dass die Luftwaffenhelfer immer im Hinterkopf hatten, wie es für sie selbst wäre, wenn sie einmal in Kriegsgefangenschaft geraten sollten.

Die restlichen Arbeiter, die nicht in der Stellung halfen, wurden morgens meist zu Bauarbeiten abgeholt und nachts wieder in ihre

Baracken eingesperrt. Gerhard Greim berichtet, dass diese bei Fliegeralarm gegen die Türen getrommelt hätten, bis sie heraus gelassen wurden. *„Dann verschwanden sie im nahe gelegenen Wald. Manchmal kehrte einer nicht zurück. Dann rief meist die Verwaltung vom Lager für weibliche Ausländerinnen an, ob denn ein Russe fehle.“* Sie wurden bei den Frauen entdeckt. Die Soldaten ihrer Einheit holten sie dort wieder ab und es habe wohl eine Tracht Prügel als Bestrafung gegeben.

Nach dem Großangriff vom Oktober 1943 gab es mehrmals Alarm, mit Beschuss von schweren Flakbatterien auf Fliegerverbände, die allerdings keine Bomben abwarfen. Sie waren irrtümlich wegen schlechter Sichtverhältnisse von ihrem Anflug auf Nürnberg abgewichen. *„Sobald die Flak zu schießen begann, gab es auf der gegenüberliegenden Mainseite, wo sich die Kugellagerfabriken mit ihren Barackenlagern befanden, verzweifeltes Geschrei und Gewehrschüsse.“* Beruhigung hätte erst nach mehreren Salven und dem Verstummen der Flakgeschütze eingesetzt, berichtet Eichhorn. *„Wir alle hofften damals, dass nichts Schlimmeres in den Fremdarbeiterlagern passierte.“*

> ## „Sie können sich doch nicht mit diesen Frauen unterhalten, das sind doch Widerstandskämpfer[XI]“
>
> Täglich gegen 6 Uhr war für uns Luftwaffenhelfer Dienstschluss. Da unsere Stellung direkt am Main lag, konnte man die Zeit nutzen, um abends ab und an baden zu gehen. Dann habe ich eines Tages drüben am anderen Ufer Frauen gesehen. Ich war natürlich erst einmal interessiert, was die denn da machten. Daraufhin bin ich rüber geschwommen. Dort standen dann ältere Männer in feldgrauen Uniformen und mit Gewehren, welche Frauen, die Fremdarbeiterinnen waren, bewachten. Diese Frauen trugen einheitlich eine Art Drillich und wirkten zurückhaltend, ja traurig. Mich als 17 Jährigen hat das interessiert, woher sie kämen und warum. Daraufhin habe ich Männer gefragt, ob ich mich denn mit jenen unterhalten

---

XI   Als Rechtfertigung für die Deportation nannte man die Zwangsarbeiter Widerstandskämpfer.

könne. Dies wurde bejaht, aber ich solle doch „nichts machen". Also habe ich mich dann auch mit einer der Damen unterhalten und erfuhr, dass sie eine Polin war. Sie war eine sehr hübsche Frau. Sie erzählte mir, dass sie Lehrerin sei. Ich fragte sie mit meiner jugendlichen Naivität „was sie denn dann hier macht". Sie konnte diese Frage gar nicht verstehen und hat mich verwundert angeschaut. Das habe ich ja alles erst hinterher erfahren, dass diese zwangsdeportiert wurden. Ich schwamm nach einer Weile zurück zur anderen Seite und da stand der Oberwachtmeister vor mir. Er sagte: „Sie ziehen sich jetzt sofort an und kommen zu mir auf die Stube", was ich auch tat. Als ich dort war, gab es ein „Donnerwetter", er fragte mich was ich mir nur dabei gedacht hätte. Ich hätte damit meine ganze Karriere riskiert. „Sie wollen doch Offizier werden, wie ich in Ihren Unterlagen gesehen habe". Er war völlig empört und meinte: „Sie können sich doch nicht mit diesen Frauen unterhalten, das sind Widerstandskämpfer." Dies war der erste Schock, den ich selber erlebt hatte, der mich bewegte, an dem System zu zweifeln. Ich glaube, in Schweinfurt waren 10.000 bis 20.000 Fremdarbeiter.

Eine Geschichte von Heribert Eichhorn

5.5 Schulunterricht – eine Illusion

„Die eingezogenen Jugendlichen sind im rechtlichen Sinne keine Soldaten, sondern Schüler" so Martin Bormann im Januar 1943 aus dem Führerhauptquartier. Der Leiter der Parteikanzlei und das Reichsministerium für Erziehung widersprachen damit erfolgreich der Meinung des Reichsmarschalls Göring. Dieser hätte die jungen Schüler am liebsten ganz vereinnahmt, ohne eine Ablenkung, wie etwa Schule.[41]

„Als Luftwaffenhelfer waren wir Hitlerjungen und Schüler. Doch das Schülerdasein lief sehr notdürftig ab." Dieser Meinung war nicht nur Bert Wagner, sondern auch Gerhard Greim erinnert sich kaum an Unterricht. *„Die ersten fünf Wochen hatten wir keinen Schulunter-*

*richt, sondern nur Ausbildung, später kamen die Lehrer dann in die
Stellung. Doch wenn Unterricht in der Stellung gehalten wurde, dann
hielten die Lehrer einen guten Unterricht"* so Greim.

Die Schulleitung war mit den auf sie zukommenden kriegsbedingten Schwierigkeiten im Zusammenhang mit dem Schulunterricht
überfordert. Von Seiten der Wehrmacht hätte man sich dafür eingesetzt, den Unterricht in den Stellungen zu unterstützen. *„Doch halte
man häufig von der ganzen unterrichtlichen Betreuung nicht viel und
sehe darin nicht selten einen Fremdkörper."* Diese Worte findet man
im internen Protokoll einer Besprechung der Sonderbeauftragten
für den Einsatz der Luftwaffenhelfer. Diese fand am 21. Juni 1942
im Reichserziehungsministerium in Berlin statt.[42]

Es gab eine Anordnung bezüglich des Einsatzortes, der anfangs,
zum besseren Lernen, am Schulort sein sollte. Diese wurde aber
schon am 27. Juli 1943 wieder aufgehoben. So betraf es auch die
Hofer Oberschüler, denn auch sie kamen in eine Stellung nach
Schweinfurt, weit weg von ihrem eigentlichen Wohnort. Das Verteilen der Schüler-Soldaten im ganzen Land resultierte aus dem sich
stetig verhärtenden Luftkrieg.

Für die an der Flak eingesetzten Oberschüler waren pro Woche 18
Stunden Unterricht festgelegt. Latein sollte als alleinige Fremdspra-
che unterrichtet werden. Insgesamt waren je drei Stunden Deutsch,
Latein, Geschichte, Mathematik und je zwei Stunden Physik, Chemie und Erdkunde pro Woche vorgesehen.[43] In der ersten Einberufungswelle, welcher auch Heribert Eichhorn angehörte, war die
vorgeschriebene Anzahl an Stunden nie eingehalten worden. Er erinnert sich kaum an überhaupt eine Stunde.

Eigentlich sollte der Unterricht von den bisherigen Lehrern aus Hof
erteilt werden, dies konnte man aber aufgrund der Entfernungen
kaum einhalten. *„Wir hatten keine Hofer Lehrer, wenn, dann kamen*

eher mal andere daher", so Heribert Eichhorn. Weiterhin sollte in Räumlichkeiten nahe der Flakstellungen unterrichtet werden, aber gerade dadurch war die Anreise für die Lehrkräfte oft schwierig.[44] Eichhorn erklärt sich die nur wenigen Stunden, die er unterrichtet wurde, ganz ähnlich: *„Wir waren ja ziemlich außerhalb der Stadt gelegen. Vielleicht war das der Grund, dass die Professoren da nicht hinlaufen wollten."* Er erinnert sich an ein paar Physikstunden, die in der Stadt stattfinden sollten. *„Da mussten wir dann hin marschieren"*, doch wenn in dieser Zeit eine Übung war, fiel die Stunde aus. *„Das war bei uns sehr mau"* sagt er und ist immer noch froh, sich damals selbst Bücher und Hefte mitgebracht zu haben.

Im Protokoll einer Konferenz im Reichserziehungsministerium vom 21. Juni 1943 steht: *„Es wird in letzter Zeit in zunehmendem Maße über den Rückgang der (schulischen) Leistungen der Luftwaffenhelfer geklagt."* Infolge des fast ununterbrochenen Einsatzes hätten sich bei ihnen starke Ermüdungserscheinungen gezeigt. Ihre Beteiligung am Unterricht sei nur gering, die Eintönigkeit des Landserlebens mache sie auf Dauer geistig stumpf und interessenlos. *„Im Ganzen liegt die Schuld weder an den Jungen noch an den Lehrern oder militärischen Stellen, sondern einfach an den kriegsbedingten Verhältnissen."*[45] Heribert Eichhorn erinnert sich, dass er trotz der ungünstigen Umstände seine Schulbildung selbst in die Hand nahm. *„Wir hatten ja auch in unseren Schlafbaracken keine Möglichkeit zum Lernen, da war es sehr dürftig. Es gab nur einen Spind, aber keinen Tisch. Also mussten wir in eine andere Baracke gehen, die sogenannte Essbaracke und dort konnten wir uns hinsetzen. Ich habe dann selber viel mit meinen Büchern für mich gelernt, weil ich zu dieser Zeit noch Pilot werden wollte. Ich wusste, dass man als Pilot ungeheuer viele Theorieprüfungen ablegen musste, weshalb ich wahnsinnig Angst hatte, abzufallen."*

Ganz andere Eindrücke über die schulische Situation der Luftwaffenhelfer vermittelte der General der Flakartillerie Emil Zenetti:[46]

„Die schulische Betreuung ist nach anfänglichen Schwierigkeiten im Großen und Ganzen voll angelaufen und hat in einer Vielzahl von Batterien zu Ergebnissen geführt, die über dem Normalunterricht liegen." Mit dieser Formulierung kommt er in seinem „Brief an die Eltern" zu einem ganz anderen Fazit als es die Schüler selbst erlebten. *„Kein Wunder, war doch diese Feststellung für die Öffentlichkeit bestimmt..."* schreiben die ehemaligen Luftwaffenhelfer Franz Dülk und Fritz Fickentscher in ihrem Werk „Feuerglocke". Weiterhin meinen sie *„Wenn der General der Flak ferner davon spricht, dass die ‚geistigen Anregungen' in der neuen militärischen Umwelt zur Einsicht der ‚Werte von Bildung und Wissen' führten und den Luftwaffenhelfern als ‚Ansporn zum Lernen und Arbeiten an sich selbst' galten, dann klingt das freilich sehr nach Eigenlob."* Wenn überhaupt, wäre das wohl eine Ausnahmeerscheinung gewesen, so die Autoren.[47] Heribert Eichhorn motivierte sich eher aus anderen Gründen: *„Beim Putzen und Flicken habe ich gern meine Englisch- und Lateinbücher hervor geholt, weil man ja Angst hatte, dass man verblödet."*

Eine Anweisung des Erziehungsministers in Kooperation mit dem Luftfahrtminister regelte, dass abgeordnete Lehrkräfte im Notfall von den Truppen in der Einsatzstelle unentgeltlich untergebracht werden sollten. Weiterhin hätten die Lehrer, die teilweise aus ihrer Pension zurück geholt wurden, einen Anspruch auf eine Entschädigung nach den „Bestimmungen über die Vergütung bei vorübergehender auswärtiger Beschäftigung" zu erhalten. Denn in den anfänglichen Regelungen war man davon ausgegangen, dass ein schulnaher Einsatz erfolgt und die jeweiligen Lehrer ihre eingezogenen Schüler unterrichten.[48] Was natürlich schon bald nur noch in den seltensten Fällen möglich war.

Deshalb findet Heribert Eichhorn, dass dem Einsatz der beteiligten und beauftragten Lehrer hohes Lob und große Anerkennung zu zollen sei. Dazu gehört für ihn besonders Studienrat Konrad Gnad, der den Hofer Luftwaffenhelfern aus ihrer Oberschule schon bekannt

Studienrat Gnad beim Unterricht an der Oberschule Hof, 1943

war. Eichhorn stimmt der Ehrung besagten Studienrates von Karl Heinz Steinbach aus Schweinfurt zu. Dieser gedenkt des *„verehrungswürdigen pensionierten Studienrats Gnad aus Hof, der mehrmals die Woche die Bahnreise von Hof nach Schweinfurt auf sich nahm und dann zu Fuß in unsere Stellung in Röthlein kam, um uns völlig erschöpft in Mathematik und Physik zu unterrichten. Dieser Lehrer verdient einen Ehrenplatz, wenn man berücksichtigt, dass der Unterricht häufig durch Fliegeralarm unterbrochen wurde und dass dieser verängstigte ältere Herr dann allein in einem speziell für Lehrer errichteten Bunker Schutz suchen musste.“*[49]

Den Schulbesuch beendeten die Jungen mit der Entlassung aus ihrem Dienst als Luftwaffenhelfer. In der Regel erhielten sie von der Schule ein Abgangszeugnis. Als Abitur-Ersatz für die Jahrgänge 1926 bis 1928 galt der enthaltene sogenannte „Reifevermerk", so auch für die Hofer Jungen.[50] Das am 8. September 1939 im Deutschen Reich anerkannte Notabitur wurde ab 1943 zum Regelabschluss am Gymnasium für diejenigen, die noch im Schulalter zum Dienst an der Flak eingezogen wurden. Gerhard Greim erinnert sich, dass ihm erst später, mit der Einberufung zum Arbeitsdienst und zur Wehrmacht, die „Reife" zuerkannt wurde. Er weist auf sein Luftwaffenhelferzeugnis hin, welches er nach dem Dienst erhielt, darin sei nichts darüber vermerkt. *„Es stellte nur fest, dass man die gestellten Ansprüche erfüllt hat."* Anerkannt wurde das Notabitur gerade an den Universitäten meist nicht. Dort ließ man oft nur das mit einer schriftlichen Prüfung bestandene und somit gängige Abitur zu.[51] Es gab verschiedene Möglichkeiten, seinen Abschluss trotzdem anerkannt zu bekommen oder diesen nachzuholen. Einige wenige, wie Heribert Eichhorn oder Gerhard Greim, mussten in den ersten beiden Semestern ihres Studiums noch einmal eine Art „Ersatzabitur" absolvieren. Die Luftwaffenhelfer, die in München studierten, mussten an einem nachmittags stattfindenden Förderkurs in fünf Fächern teilnehmen, die von Gymnasiallehrern gehalten wurden. Gerhard Greim und Heribert Eichhorn mussten also neben ihrem Jurastudium noch fünf Ersatzabiturprüfungen ablegen. Gerhard Greim weiß noch welche Extrastunden er belegte: „*Unter den Fächern konnte man etwas variieren. Staatsbürgerkunde war Pflichtfach. Ich hatte Mathematik, Englisch, Chemie und Geschichte. Nicht alle haben es geschafft.*" Heribert Eichhorn erinnert sich in diesem Zusammenhang an einen Hofer Klassen- und Luftwaffenhelferkameraden, der Medizin studierte, aber nicht alle Prüfungen bestand.

„Faust" auf dem Stellungsrand

Feuerbereitschaften und Fliegeralarme konnten langweilig ablaufen, wenn keine „Feindberührung" stattfand, die gegnerischen Flugzeuge aber in großen Mengen an Schweinfurt vorüber flogen. Man saß stundenlang in der Stellung. Gymnasiasten nahmen sich Lektüre mit und weil es damals die Bild-Zeitung noch nicht gab, lag eben auch einmal Goethes „Faust" dabei.

Plötzlich, am 21. Juli 1944: Die US-Flugzeuge kamen zu uns! Ein kurzer Angriff von etwa 15 Minuten. Angriffshöhe 6000 Meter und mehr. Für Flakscheinwerfer eine hoffnungslose Sache. Wir versuchten, uns in der Stellung zu decken und ein wenig zu schützen, weniger gegen Bomben als gegen die vielen Flaksplitter, die von den explodierenden 8,8-cm-Granaten aus größter Höhe herabkamen und dank der Erdbeschleunigung als Geschosse abstürzten. Sie konnten selbst Stahlhelme durchschlagen, mit tödlicher Wirkung. Doch dann gab es einen anderen Einschlag: Ein Phosphorkanister prallte auf den Stellungsrand, etwa 30 cm im Durchmesser und einen Meter lang. Diese bombenartigen Kanister sollten beim Aufschlagen platzen, explodieren und ihren tödlichen Inhalt weit verspritzen, um die Umgebung in Brand zu setzen

Der Phosphorkanister platzte auch. Aber er entzündete sich nicht. Was der Grund auch gewesen sein mag — es war ein Blindgänger. Nur die schwarze Brühe, die drin war, lief aus, über den Erdrand hinweg auf den Boden der Werferstellung. Auf diesem Stellungsrand aber lag Goethes „Faust". Es war die alte Schulausgabe, die mein Vater etwa im Jahre 1911 am Ascher Gymnasium im Unterricht gelesen und mit seinen eigenen Randbemerkungen versehen hatte. Ich hatte, als die ersten Bomben fielen und wir uns in Deckung legten, das Buch einfach von mir geworfen. Als alles Gott sei Dank ohne Schaden vorbei war, suchten wir unsere Sachen wieder zusammen. Ich fand meinen „Faust" auf dem Stellungsrand liegen, dort, wo ich ihn blindlings hingefeuert hatte. Das Titelblatt aber war verschmutzt. Ein riesiger schwarzer Fleck zierte den Einband, ein Fleck aus nicht entzündetem Phosphor.

Dieses Buch habe ich bis heute wohl verwahrt. Nicht als Denkmal, nein: Als wir nach dem Krieg in der letzten Gymnasialklasse am heutigen Schillergymnasium, damals in der „Roten Hölle" am Schlossplatz, unseren „Faust" pflichtmäßig studierten, lag vor mir das alte kampferprobte Exemplar.

Eine Geschichte von Bert Wagner

Den folgenden Aufsatz schrieb Bert Wagner während seiner Zeit als Luftwaffenhelfer in Schweinfurt. Für unsere Generation, die eine Diktatur nicht kennt, ist es unbegreiflich, wie ein 15-Jähriger solche Gedanken hegen kann. Aus Sicht der damaligen Jugend war es jedoch völlig normal, ihr Vaterland als Herrscher über Europa zu sehen, schließlich hörten sie von Kindesbeinen auf nichts anderes. So ist der nachfolgende Aufsatz ganz selbstverständlich in diese Zeit einzuordnen und spiegelt das umfassend gleichgeschaltete Schulsystem und verbreitete Gedankengut der NS-Diktatur wider:

Worauf gründet sich das Anrecht des deutschen Reiches auf die Führung Europas?

Jeder Deutsche hat schon oft gelesen und gehört, dass das deutsche Reich ein Anrecht auf die Führung besitzt. Jedoch wird sich mancher nicht klar darüber sein, warum gerade Deutschland dieser Führerstaat ist und nicht eine andere Großmacht Europas auf Anspruch pochen kann. Das Anrecht des Deutschen Reiches auf ihre Führung Europas ist hauptsächlich durch drei Punkte bestimmt: durch seine uralte Geschichte, seine geografische Lage und besonderes durch die unerreichten kulturellen Leistungen.

Deutschland hat die älteste Geschichte der europäischen Staaten, abgesehen von den Völkern der Hellenen und Römer, die schon vor Jahrhunderten, ja Jahrtausenden untergegangen sind. Die Germanen, unsere Vorfahren, kämpften bereits zu einer Zeit gegen die Römer, in der man von anderen Völkern, etwa den Engländern und Russen nichts wusste, denken wir nur an die Schlacht von Noreia 113 v.Chr. bei der die Cimbern und Teutonen gegen die überlegenen römischen Legionen siegreich blieben. Kein anderes Volk hat jemals solche Taten vollbracht, wie das Deutsche. Mag man die Abwehrschlachten gegen die Hunnen und Mongolen und gegen den Islam betrachten, immer waren es Sachsen, Goten oder Franken, die die drohenden Gefahren von Europa abwandten. Auch der jetzige harte Kampf gegen die Bolschewisten ist nichts anderes als die Abwehr Asiens vor dem Zugriff auf Europa.

Wäre Deutschland nicht gewesen, wäre ganz Europa heute orientalisch oder gar asiatisch eingestellt. Dies ist der große geschichtliche Verdienst des deutschen Volkes, das allein schon die Führung Europas bedingt.

Aber nicht nur durch seine Geschichte, auch durch seine geografische Lage kann sich Deutschland den Führer Europas nennen. Dadurch, dass Deutschland im Herzen unseres Kontinents liegt, hat es fast zu allen Ländern Europas Zutritt. Russland, die Slowakei, Ungarn, Italien, Frankreich, alle grenzen sie an Deutschland an: Lediglich Skandinavien, der Balkan, Spanien und England haben keine unmittelbaren Grenzen an das Deutsche Reich. Diese Länder sind aber durch Ströme wie die Donau oder durch engste Meeresstraßen nahe an das Reich herangerückt. Dadurch kann der Handel ungehemmt fließen und wer im Handel führt, führt auch die Welt.

Am meisten aber ist Deutschlands Anrecht auf die Führung Europas begründet durch seine Kultur. Deutschland ist das größte Kulturland der Erde in literarischer, künstlerischer und wissenschaftlicher Hinsicht. Kein anderes Land besitzt annähernd so große Dichtungen wie das Deutsche. Ist Goethes Faust, sind Schillers und Grillparzers Dramen, Buschs Humoresken schon jemals von einem anderen Dichter übertroffen? Mancher hat es zwar versucht, aber keinem ist es gelungen, unsere Dichterfürsten vom Thron zu stoßen. Ebenso ist es in der Musik. Wenige fremde, meist italienischen Komponisten sind vorhanden, die man zu den wirklich Großen zählen kann. Unübertroffen sind die auserlesenen Opern und Musikstücke Mozarts, unübertroffen die geheimnisvollen, überirdischen Symphonien Beethovens, unübertroffen die Wucht der Wagnerschen Opern! Niemand wird diesen Werken etwas Gleichwertiges entgegensetzen können.

Jedoch müssen wir gar nicht erst in ältere Zeiten zurück gehen, blicken wir uns nur bei den Leistungen unserer großen Söhne der Neuzeit um! Welche unvergänglichen Errungenschaften stammen allein auf dem Gebiet der Medizin von Deutschen! Behring, der das Serum gegen die Diphtherie fand, Robert Koch, der den Erreger der Tuberkulose und des Milzbrandes entdeckte, Röntgen, der die nach ihm benannten Strahlen der Menschheit brachte, alles waren echte deutsche Männer und nichts anderes!

> Vieles wäre noch anzuführen, was dazu beiträgt, den Anspruch des deutschen Volkes zu begründen. Doch dies würde zu weit führen. Schon aus diesem Wenigen erkennen wir, dass allein Deutschland dazu erkoren ist, die Führung Europas an sich zu reißen und zu behalten. Und das ist der Grund, wofür Millionen deutscher Menschen Leben einsetzen und opfern. Darum laßt uns dessen eingedenk sein und stets dieses Ziel im Auge behalten bis zum siegreichen Ende dieses größten Krieges!

5.6 Freie Zeiten

Die jungen Luftwaffenhelfer hatten zwischen Dienst und Schule wenige Zeiträume für andere Aktivitäten. Jedoch gab es auch in diesen schweren Zeiten Beschäftigungen, mit denen sie sich ablenkten. Sie versuchten, ihre Jugend zu genießen, indem sie abends ausgingen oder einfach beisammen waren. Viele Luftwaffenhelfer, wie auch Bert Wagner hatten in der Stadt jemanden, zu dem sie gehen konnten. Er besuchte beispielsweise ein altes Ehepaar im Stadtteil Oberndorf. Dies war nicht weit entfernt vom Gleisdreieck, wo sich viele der Stellungen befanden. Die Geschütze der leichten Batterie

beim Haare schneiden

lagen stadtnah, so war es den Jungen möglich, ab und zu den Ausgang zu einem Kino- oder Gaststättenbesuch zu nutzen. Beispielsweise in das Gasthaus Hofbräu: *„Es gab Gemüseplatte mit Bratkartoffeln gegen nur 5-g-Fettmarken"*, so Gerhard Greim.

Ab 18 Uhr hatten die Flakhelfer theoretisch Freizeit, aber das hieß nicht, dass sie auch Ausgang hatten. Denn es gab eine Liste, in die man sich eintragen musste. Eichhorn erinnert sich, dass er nicht so oft weg konnte, wie er es gewollt hätte. *„Wir sind nicht eingesperrt gewesen, man durfte auch mal ausgehen, natürlich nicht jeden Tag."* Weiterhin erinnert er sich: *„Man hatte gewisse freie Zeiten, um auch mal die Arbeit zu vergessen, aber immer in Grenzen. Wir mussten auf jeden Fall pünktlich wieder da sein, wenn man schon mal Ausgang hatte. Die Gefechtsbereitschaft musste ja gewahrt sein."*

beim Karten spielen

Heribert Eichhorn erzählt von einem solchen Ausflug: *„Wenn wir Ausgang hatten, mussten wir über die Brücke laufen, um in die Bahnhofstraße zu kommen. Wir sind dort ein bisschen auf und abgegangen und haben die Mädchen angeschaut."* Die meisten Jungen hatten keine Freundin, da das vom Elternhaus nicht gern gesehen war. Ein paar der Jungen, wie Gerhard Greim, hätten sich mit Mädchen geschrieben, aber dies sei eher die Ausnahme gewesen.

Die Vorgesetzten hätten sich außerhalb des Dienstes nicht für sie interessiert. An diese sei man ja während der Pausen gar nicht mehr ran gekommen. *„Die haben sich dann in den freien Zeiten nicht mehr um uns gekümmert"*, so Eichhorn. Er berichtet aber auch von einigen wenigen Vorgesetzten, mit denen es auch mal spaßig war. *"Wir hatten einen Wiener Obergefreiten, der versuchte uns Präservative zu verkaufen. Das geschah wohl weniger aus gesundheitlicher Fürsorge, als aus Gründen des Geldbedarfs."*

Bert Wagner meint: *„Zum einen waren wir noch halbe Kinder, zum anderen standen wir bereits im ernsthaften Wehreinsatz."* Dass sie an die Waffen durften, machte die Jungen recht stolz. Wagner erzählt von ihrem kindlichen Spieltrieb auch während des Einsatzes und wie in ihrer Freizeit so genannte „Feuerstöcke" gebastelt wurden: *„Aus einem nahe der Flakstellung gelegenen Wald in Schweinfurt holten wir gerade gewachsene Haselstöcke. Diese Stöcke erhielten einen Knauf, damit man sie anfassen und als Spazierstock verwenden konnte."* In die Rinde schnitzten sie für die jeweiligen Angriffe einen Ring. So fand man für den 24. Februar 1944 einen Dreifachring und die dazwischen liegenden Feuerbereitschaften als Kreuzchen. Hinzu kamen silberne Bänder, die den neu erreichten Dienstgrad des Luftwaffen-Oberhelfers zeigten, rote Schnüre für die Zugehörigkeit zur Flak-Artillerie, andersfarbige Schnüre für die gewählte Waffengattung als Reserveoffiziersbewerber.

Beim Stadtausgang wurden diese Stöcke dann gerne mitgenommen. Auch bei Stellungswechseln und natürlich bei der Entlassung begleiteten sie ihre Herren. Doch Bert Wagners Feuerstock war viele Jahre verschwunden. Bis zu dem Moment, als er ihn im Jahr 2006, mittlerweile 62 Jahre nach dem Schweinfurter Einsatz, beim Stöbern auf dem Dachboden seines Hauses wieder fand. Nun erhielt er einen Ehrenplatz in dem Regal, in dem seit weit über hundert Jahren eine ganze Reihe von Uniform-erinnerungen und Kriegstrophäen aus dem Ersten und dem Zweiten Weltkrieg liegen. *„Noch hat die jüngere Generation, die der Enkel, kein Interesse. Aber vielleicht wird das historische Empfinden auch wieder einmal mehr manifestiert"*, so Wagner.

Bert Wagner mit seinem Feuerstock

Das Abendessen bei Hauptmann Zeilhofer

Der Batterieführer, Hauptmann Zeilhofer und seine Gattin, fühlten sich bisweilen veranlasst, den einen oder anderen Luftwaffenhelfer persönlich zu einem Abendessen bei sich einzuladen. Immerhin waren die Knaben ja Gymnasiasten, aus denen vielleicht später einmal eine gesellschaftstragende Schicht werden sollte.

Auch ich kam einmal dran. Frisch gereinigt, angetan mit frisch gewaschener und gereinigter Ausgangsuniform, stellte ich mich beim Hauptmann ein. Bald begann die Anstandslehre. Es gab Salzkartoffeln. Ich war lebenslang Salzkartoffelfan. So nahm ich Messer und Gabel in die Hand und schnitt meine Kartoffeln in Stücke. Frau Hauptmann zog die Stirne kraus: „Was tun Sie denn da? Sie schneiden ja die Kartoffeln mit dem Messer!" „Ja" sagte ich, „das mache ich zu Hause auch so". „Damit machen Sie der Hausfrau aber kein Kompliment. Sie muss denken, dass die Kartoffeln noch nicht weich genug sind und mit dem Messer geschnitten werden müssen. Kartoffeln teilt man mit der Gabel".

Ich hatte gelernt. Aber auch heute noch nehme ich für meine geliebten Kartoffeln das Messer – ich Banause. Dann bot mir der Hauptmann ein Geschenk an, Was es war, weiß ich heute nicht mehr; nur, dass es mir gefallen hat. Ich stellte mich positiv spröde: „Aber nein, Herr Hauptmann, das kann ich doch nicht annehmen!" Wie man halt in Floskeln spricht. „Ach Quatsch! Merken Sie sich, Wagner: Wenn Sie etwas geschenkt bekommen, das Ihnen gefällt, dann zieren Sie sich nicht anstandshalber, sondern sagen Sie einfach „ja", und deutlich „Dankeschön". Ich stutzte, dann sagte ich „Jawoll, Herr Hauptmann. Danke schön". Zeilhofer war zufrieden. Ich habe mir diesen Tipp für mein Leben gemerkt und bin nicht schlecht damit gefahren.

Eine Geschichte von Bert Wagner

5.7 Heimaturlaub

Nur wenige Wochen vor der erstmaligen Einberufung der Luftwaffenhelfer wurde in einem Erlass vom 26. Januar 1943 vom Reichsluftfahrtminister verordnet: *„Die Luftwaffenhelfer erhalten zweimal im Jahr einen 14-tägigen Erholungsurlaub, zuzüglich Reisetage. Zur Aufrechterhaltung der Beziehung zum Elternhaus wird mindestens einmal im Monat Wochenendurlaub erteilt."* Weiterhin beinhaltet dieser Erlass, dass ortsansässige Schüler „zur Aufrechterhaltung der familiären Beziehung" wöchentlich einmal Urlaub erhalten sollten. Wenn dienstlich möglich, auch mit der „Nacht bei den Eltern". Die auswärts eingesetzten Luftwaffenhelfer sollten als Ausgleich für den wegfallenden Wochenendurlaub alle fünf Wochen einen

uniformierte LLuftwaffenhelfer ohne HJ-Armbinden

48-stündigen Sonderurlaub zuzüglich Reisetage zum Besuch der Eltern erhalten. „Besuche der Angehörigen" in der Stellung seien ausdrücklich zu gestatten.[52]

Gottfried Hohenberger berichtet, dass man mit Ausgang und Urlaub bei ihnen nicht kleinlich war. *„Wir durften allerdings für die Urlaubsfahrten ausschließlich Personenzüge benutzen. Das war ein ganz schönes Gezuckel. Der Zug hielt in jedem Kaff und musste warten, bis alle Milchflaschen ein- oder ausgeladen wurden."*

„Weil wir natürlich sehr darauf achteten, wurden die Urlaubsansprüche auch recht gut eingehalten", so Heribert Eichhorn zum Thema Heimaturlaub. Bert Wagner erinnert sich, dass er ungefähr alle vier Wochen eine Fahrkarte bekam und damit ab und zu nach Hause fahren konnte. *„Immer am Wochenende, was aber unter Umständen in der damaligen Zeit auch schwierig sein konnte."* Er stimmt Hohenberger zu und schätzt, dass die Fahrt mit der Eisenbahn von Schweinfurt bis Hof auch schon mal zwölf Stunden dauerte.

Wagner berichtet, dass die Uniform angezogen wurde. Bei der Ankunft hätten die Mädchen ihnen durch Fenster und offene Türen nachgeschaut. Im Urlaub sollten die Flakhelfer ihre Hitlerjugend-Armbinden tragen *„Da gab es den Schweinfurter Eisenbahntunnel zwischen Hauptbahnhof und Stadtbahnhof, dort haben wir immer schnell die Armbinden abgemacht."* Die Luftwaffenhelfer wollten ja richtige Soldaten sein und haben sich auch als solche gesehen. Da war ihnen das Tragen und die damit vermittelte Zugehörigkeit zur Hitlerjugend unangenehm. Bei der Rückfahrt legten sie die Armbinde natürlich wieder ordnungsgemäß an.

„Ein gewissenloser Kreis von Usurpatoren..."

20. Juli 1944. Das Attentat auf Hitler. Wir erfuhren es aus irgendwelchen Radios, vielleicht auch bei einem Appell. Wir wandten uns natürlich gegen die Attentäter. Es gab ja für den normalen Volksgenossen keine andere Wahl. Die Alternative war der Tod oder das KZ. Irgendwie fühlten wir uns aber unbehaglich, weil wir einfach nicht wussten, was nach einem solchen, für uns ungeheuren Akt, auf uns zu kommen könnte.

Nachts hieß es wie immer „Posten schieben". Ich hatte Wache von 20 bis 22 Uhr. Das Gewehr über der Schulter, wanderte ich durch das Batteriegelände. Auch am Finnenzelt des Batteriechefs lief ich vorbei. Die Türe war offen. Es war warm. Drinnen sprach der Führer im Rundfunk an sein

Volk. Das einzige, an das ich mich noch erinnere, war: „...ein gewissenloser Kreis von Usurpatoren..." klang die Stimme Adolf Hitlers, sich wie immer fast überschlagend, gefolgt von Heilrufen des Volkes im Radio.

Usurpatoren – was waren das? Die Lateinkenntnisse aus der Schule gaben das Wort nicht her. Am nächsten Tag durfte ich in den Wochenendurlaub fahren. Zu Hause angekommen, war mein erster Weg zum alten Brockhaus: „Usurpator (lat.) unrechtmäßiger Besitznehmer, bes. unter Bruch der bisherigen Rechtsordnung zur Herrschaft gelangter Machthaber" – so steht es in Goldmanns Lexikon. Der alte Brockhaus von damals ist längst im Müll.

Rein sprachlich hatte der Führer eigentlich Recht. Die bisherige, diktatorische Rechtsordnung sollte ja gebrochen werden. Sie gelangten nur nicht an die Macht.

Eine Geschichte von Bert Wagner

5.8 Spürbares Risiko – aber keine Angst erlaubt

„Man wusste, dass der Dienst als Luftwaffenhelfer an der Waffe mit dem Risiko verbunden war, durch Feindeinwirkung verwundet zu werden oder gar sein Leben zu verlieren", so Bert Wagner zum Kriegseinsatz der Schüler. Richtig verstanden haben es die Jugendlichen aber wohl erst nach ihrer Ankunft in Schweinfurt. *„Die erste Nacht werde ich wohl nie vergessen. Wir legten uns am Abend in unsere Betten und dann wurde einem ein bisschen komisch zu Mute. Man wusste dann plötzlich - das ist kein Spiel."* So erinnert sich Heribert Eichhorn an seine Empfindungen als damals gerade 17-jähriger Jugendlicher, der sich plötzlich mitten im Krieg befand.

Vom Risiko, dem sie ausgesetzt waren, wussten sie vor ihrer Einberufung nicht viel. *„Es gab noch keine Angriffe, nur in Frankfurt und Nachtangriffe auf Nürnberg und das war für uns in Hof fern."* Heribert Eichhorn meint aber, dass man es sich hätte ausrechnen können, da im Juli 1943 schwere Nachtangriffe auf Hamburg gewesen wären. Nachdem dabei ganze Straßenzüge durch Brandbomben vernichtet wurden, hätte man sich schon ein bisschen Sorgen gemacht. *„Aber nicht in dem Maße, wie es angemessen gewesen wäre"*, sagt er.

Für Walter Rausch war das wohl erschreckendste Erlebnis seiner Schweinfurter Zeit zweifellos der später noch näher beleuchtete Bombenangriff am 14. Oktober 1943. *„Eberhard Heinisch, einer unserer Mitschüler, der poetisch begabt war, drückte sich danach in einem mehrstrophigen Gedicht so aus, dass jede Strophe mit dem Satz ‚Schweinfurt, du Grab unserer Jugend' endete."* Heribert Eichhorn empfand diesen Tag auch als ersten

Blindgänger in der Stellung

großen Schreck: *„Es ging ja dann erst richtig los, denn vorher gab es nur etliche Fliegeralarme und Feindflugzeugüberflüge ohne Bombenabwurf und zwar immer nachts."* Er erinnert sich auch, dass nach diesem ersten großen Angriff auch die Eltern aufgescheucht waren. Gottfried Hohenberger erlebte am 15. Oktober eine Überraschung, als seine Mutter in der Stellung in Schweinfurt ankam, nachdem sie im Radio den Wehrmachtsbericht hörte und erfuhr, welche Stellen angegriffen wurden. *„Das war mir vor den andern Kameraden sehr peinlich. Ich fragte mich, was meine Mutter denn nur hier wollte, uns ging es doch gut."*

Bert Wagner meint dazu nur, dass die Eltern in dieser Zeit immer sehr viel Kummer hatten und darum auch viel geschrieben haben.

Doch die Angst, die die Eltern in der Zeit verspürten, wurde von den Jungen nicht so recht geteilt. Wurde es von Außenstehenden als absolut verständlich empfunden, Angst zu haben und zu zeigen, so hört man von den ehemaligen Luftwaffenhelfern nur, dass man sich so etwas wie Angst als Schüler-Soldat doch gar nicht anmerken lassen durfte. Doch ist es wohl nicht nur der Umstand, dass es für die Jungen zu beschämend gewesen wäre, Angst vor ihren Klassenkameraden zu zeigen, es war es wohl hauptsächlich die Tatsache, dass sie sich der Tragweite ihrer Situation nicht bewusst waren. Direkte Angst vor dem Tod hatten die meisten nicht, der war für sie zu fern. Der Krach während der Angriffe, das Feuer der einschlagenden Bomben und die Schreie der Verwundeten, das haben sie als angsteinflößend empfunden.[53]

Der Verstand zweifelte am Sinn dieser Sinnlosigkeit

Meine persönlichen Eindrücke und Ergebnisse mögen ein Stimmungsbild der Situation geben: Ab dem 15. Oktober 1943 wurde in der Deutschen Wehrmacht die Winterbekleidung ausgegeben. Offenbar war man der Meinung, dass Scheinwerferleute wie ich tagsüber ohnehin nicht mit einen Einsatz rechen mussten. Daher wurden mein Kamerad Kießling und ich abgestellt, die Kleidung von der Batteriebefehlsstelle nach Oberndorf zur Einheit zu bringen. Mit unseren zweirädrigen Handkarren waren wir fast bis zur dortigen Ortskirche gekommen, als die Sirenen Voralarm gaben. Das war keine Sensation mehr, also trotteten wir weiter. In Sichtweite unserer Einheit bedeutete uns ein Unteroffizier zur Eile und zeigte nach oben. Am strahlend blauen Himmel sahen wir die Bombengeschwader in regelmäßiger Formation wie auf einem Exerzierplatz ankommen. Trotz des bereits einsetzenden Flakbeschusses der 8.8 - Kanonen flogen sie stur weiter. Noch ahnten wir nicht, dass das alles uns gelten sollte. Alles liegen und stehen lassend rannten wir zur Mannschaft in Deckung. Der Unteroffizier drückte uns einen Stahlhelm in die Hand, den ich kaum auf hatte als mich ein Schlag auf den Kopf zu Boden warf. Ein etwa zehn Zentimeter großer Splitter einer 8.8-Kanone hatte mich getroffen. Der Helm war zwar verformt, aber nicht durchschlagen. Ohne ihn wäre ich sicher den „Heldentod", wie man damals sagte, durch eine deutsche Granate gestorben. Unmittelbar danach begann das Höllenspektakel. Ganz in der Nähe explodierte eine Bombe, die ihr Ziel verfehlt hatte, und riss einen riesigen tiefen Krater, verursachte aber keinen weiteren Schaden. Wir erlebten unsere Feuertaufe, Schweinfurt aber seinen Untergang. Die Bilder mit der brennenden Stadt im Hintergrund sprechen ihre deutlichste Sprache. Dies war eine gespenstische Situation, mit einer Bombenstaffel nach der andern am blauen Himmel und explodierenden Flakgranaten dazwischen. Wenn man nach oben schaute, sah man überall einzelne brennende oder abtrudelnde Flugzeuge und eine ganze Zahl von US-Airmen aus getroffenen Flugzeugen. Diese hingen am Fallschirm in der Luft und schwebten dem Boden entgegen.

Ein zweites Mal an diesem Tag entging ich nur knapp dem Tod, als wir beide, Kießling und ich, zur Werferstellung zurückgingen. Der Weg führte uns an dem Haus vorüber, in dem unsere warme Mahlzeit gekocht wurde. Auf Anweisung eines Unteroffiziers sollten wir nachsehen, ob dort Hilfe notwendig sei, da das Haus von Bomben getroffen war. Ich hatte einen Raum gerade verlassen und stand unter dem Türsturz, als die Decke herunter brach. Darunter stehend hätte man nicht überlebt. Auf den Straßen der Stadt spielten sich grauenhafte Szenen ab - Tote, zertrümmerte Häuser mit einstürzenden Fassaden, tote und verkohlte Fremdarbeiter, die man nicht rechtzeitig aus den Fertigungsstätten einer Kugellagerfabrik in die Schutzräume entlassen hatte. Das hinterließ unvergessliche und schlimme Eindrücke und die zu Kriegsbeginn empfundene, kindhafte Siegesfreude wechselte in große Skepsis. In der Folgezeit zweifelte der Verstand am Sinn dieser Sinnlosigkeit. Zudem wuchs das Bewusstsein über die eigene Unsicherheit und die Gefahren. Schließlich war der Weg für jeden von uns vorgezeichnet: in absehbarer Zeit Dienst beim Reicharbeitsdienst (RAD) und anschließend bei der Truppe. Als Schüler einer höheren Schule waren wir von vornherein Anwärter als Reserveoffizier. Die statistische Lebenserwartung eines frischgebackenen Leutnants lag bei wenigen Monaten (diese Zahl wurde allerdings erst nach Kriegsende bekannt). Aber auch die Tatsache, dass, sollte man dies alles überleben, man dann vielleicht 20 oder 21 Jahre sein würde, keine Ausbildung und keinen Abschluss, außer dem eines elenden Soldaten, haben würde und dass sein Heimatland, wie unschwer zu erkennen war, in großen Teilen zerstört sein würde, beflügelte die Begeisterung nicht.

Eine Geschichte von Walter Rausch

6 Die Flakstellungen um Schweinfurt und ihre Angreifer

Eine Flugabwehrkanone - kurz Flak, ist eine bodengestützte Waffe, die gegen feindliche Flugzeuge eingesetzt wird. Maßgebliche Aufgabe ist damit die Sicherung des eigenen Flugraums.

Formationsflug über Schweinfurt

Unterschieden werden kann sie in leichte und schwere Flak. Während die leichte zur Abwehr von tief fliegenden Flugzeugen eingesetzt wurde, diente die schwere Flak zur Bekämpfung hoch fliegender Ziele. Sowohl die leichten 2 cm Kaliber, als auch die schweren 8,8 cm und 10,5 cm Kaliber wurden in Schweinfurt eingesetzt. Zur Unterstützung der Flakstellung dienten Scheinwerfer, Kommandogerät und Nebelbatterien.

Die Luftwaffenhelfer wurden überwiegend an den schweren 88 mm Flaks eingesetzt. Aber auch die leichte Flak und der Nachrichten- und Funkdienst waren Aufgabenfelder.[54] Unter den angreifenden alliierten Fliegern waren zumeist B-17 Bomber.

6.1 Die B-17 Bomber

Die B-17 „Flying Fortress" war ein schwerer Bomber für den Einsatz in großen Höhen. Obwohl der Boeing-24-Liberator-Bomber viel häufiger produziert und verstärkt eingesetzt wurde, ist ihr Vorgänger die B-17, der bekannteste Bomber der US-Airforce. Hauptsächlich wurden sie für Tagesangriffe über Deutschland eingesetzt. Den Namen „fliegende Festung" verdankt sie ihrer schweren Abwehrbewaffnung.[55]

Im Jahr 1934 erhielten die Boeing-Flugzeugwerke von den US-Streitkräften den Auftrag, einen neuartigen Bomber zu bauen. Bereits 1935 gab es erste Testflüge. Die damalige Version der B-17 hatte acht Besatzungsmitglieder, vier Motoren und wog 19,5 Tonnen. Als die USA und Großbritannien den

B-17 Bomber der Amerikaner

Unterstützungspakt schlossen, erhielten die Briten 20 B-17 Bomber. Nach einigen Überarbeitungen erschien eine neue Ausführung der alten B-17. Sie besaß vier 12,7 mm Maschinengewehre[XII] und die Möglichkeit zur Aufrüstung mit einem 7,62 mm MG oder einem weiteren 12,7 mm MG an der Flugzeugnase. Eine weitere Überarbeitung brachte viele Verbesserungen mit sich: zusätzliche Flügeltanks, verbesserte Bremsen, bessere Sauerstoffanlagen und vieles mehr. Durchschnittlich verfügte das neue Modell über nun dreizehn 12,7 mm MGs in drei Türmen und sechs oder sieben handbedienten MGs. Sie schaffte es auf eine Spitzengeschwindigkeit von 556 km/h bis in eine Höhe von 7500 Metern.[56]

Zur Besatzung der gängigsten Modelle der B-17 gehörten zehn Männer: Ein Pilot mit Copilot im Cockpit, ein Bombenschütze und Navigator im Bugraum, ein Techniker hinter dem Cockpit, ein Funker, ein Kugelturm-, zwei Rumpf- und ein Heckschütze.[57]

XII   MG

6.2 Die Flak Kaliber 2 cm

6.2.1 Geschichte und Aufgabe

2 cm-Soloflak

Schon zu Beginn des Krieges hatten sich sogenannte 2 cm Flakabwehrgeschütze als sehr effektiv zur Abwehr von Tiefangriffsflugzeugen bewährt. Diese waren auch in Schweinfurt stationiert. Geschossen wurde mit Panzergranaten oder Sprenggranaten, die eine große Spreng- und Splitterwirkung hatten. Diese Waffen konnten sowohl als Solo-, als auch als Vierlingsflaks eingesetzt werden.[58]

Um die Feuerkraft der leichten Flak noch weiter zu erhöhen, wurde sie 1940 zur „2 cm Vierlingsflak 38" weiter entwickelt, bei der vier 2 cm Rohre auf einer Lafette zusammengefasst wurden. Damit konnte eine theoretische Kadenz[XIII] von 1800 Schuss pro Minute erreicht werden, praktisch lag sie aber nur bei 800 Schuss. Nach und nach wurden immer mehr Solo- zu Vierlingsgeschützen umgerüstet und an die leichte Flak-Batterie (2cm) angegliedert.[59] *„Unsere leichte Batterie 4/953 gehörte zu einer Untergruppe, die aus vier Batterien bestand."* beschreibt Gerhard Greim den Aufbau der Geschützstellung. *„Jede Batterie in Schweinfurt bestand aus fünf Zügen zu je drei Kanonen. Jedem Zug war zusätzlich ein 60 cm Scheinwerfer zugeordnet."*

6.2.2 Dienst am Geschütz

Zur Bedienung der 2 cm Flak waren fünf Soldaten notwendig. Ein Geschützführer, der die Ziele fand und Befehle gab, gelegentlich ein Entfernungsmesser, der die Flughöhe der Angreifer bestimmte, ein Richtschütze, der die Flak nach dem Ziel ausrichtete und schoss und zwei Kanoniere, die sich um den Munitionsnachschub und das

---

XIII   Feuergeschwindigkeit

Laden der Flak kümmerten.[60] Bei der Vierlingsflak kamen zu den obengenannten Soldaten noch je ein zweiter Lade- und Munitionsschütze dazu und gelegentlich befand sich noch ein Luftwaffenhelfer am Visier. *„Außer der Position des Geschützführers, die immer ein Unteroffizier bekleidete, wurden alle anderen Aufgaben meist von den Luftwaffenhelfern übernommen."* erzählt Gerhard Greim.

6.3 Die Flak Kaliber 8,8 cm

6.3.1 Geschichte und Aufgabe

Die Entwicklung der 8,8 cm Flak reicht bis zum 1. Weltkrieg zurück. Man suchte nach einer Möglichkeit, auch die höher fliegenden Flugzeuge abzuwehren. Im 2. Weltkrieg kam die „Acht-Acht" dann wegen ihrer Beweglichkeit und schnellen Schussfolge von 15 bis 25 Schuss pro

Luftwaffenhelfer — 8,8 cm Geschützbesatzung

Minute zum Einsatz. Im Reichsgebiet wurde sie schwerpunktmäßig zum Schutz vor Luftangriffen gegen kriegs- oder versorgungswichtige Objekte eingesetzt. So diente sie in Schweinfurt zum Schutz der anfangs dort zentrierten Kugellagerindustrie. Mit der halbautomatischen 8,8 cm Flak konnten 9 kg schwere Sprenggranaten oder 10,2 kg schwere Panzergranaten verschossen werden.[61]

6.3.2 Dienst am Geschütz

Den äußeren Verteidigungsring in Schweinfurt bildete die schwere Flak. Zu den Angehörigen einer schweren Flak-Batterie zählten insgesamt 120 bis 150 Mann. Der Anteil der Luftwaffenhelfer lag dabei bei circa 50 bis 80 Schülern. Eine Batterie wird grob gegliedert in Mess-, Geschütz- und Trossstaffel und Verwaltung. Die meisten Schüler gehörten der Geschützstaffel an. Diese bestand aus vier bis sechs Kanonen je Batterie.[62] Die Bedienung einer 8,8 cm Flak 36/37 zählte bis zu neun Kanoniere, K1 bis K9 und einen Geschützführer, der Unteroffizier war. Zwei Richtkanoniere brachten das Geschütz in die richtige Schussposition. Der K1 richtete die Kanone horizontal und der K2 vertikal aus. Sie gaben die von der Messstelle ermittelten Werte durch Kurbeln an das Geschütz weiter.

Eine hohe körperliche Anstrengung kam dem K3 zu. Er war der Ladekanonier, der die schweren Granaten einzuschieben hatte. K4 und K5, oft auch noch K8 und K9, waren die Munitionskanoniere. Sie schafften die Munition heran. Pro Geschütz wurden 240 Schuss in Bereitschaft gehalten.

Der K6 justierte die beiden Zünderstellbecher mittels der vom Kommandogerät übermittelten Werte und stellte den Zeitpunkt der Detonation ein. K7 setzte die Patronen in die Zünderstellbecher ein, womit die Einstellungen des K6 auf die Granaten übertragen wurden.[63]

6.4 Eine der am besten flakgesicherten Städte

Schweinfurt war das Herzstück der Kugellagerproduktion. In einem Zeitungsartikel in der „Süddeutsche Zeitung" vom 14. Oktober 2003 heißt es dazu: *„Schweinfurt war das Zentrum der Wälzlager-Fabrikation, der wichtigsten Industrie für die Luftrüstung - und daher eine der stärksten Bastionen der Luftabwehr."* [64]

Dass den deutschen Machthabern bereits vor dem Krieg klar war, welche Bedeutung der Kugellagerstadt beizumessen war, ist daran erkennbar, dass Schweinfurt auch schon vor Kriegsbeginn mit einer ganzen Flakgruppe ausgestattet war.[65]

Mitte Juni 1943 zählten zur Flakgruppe Schweinfurt: 11 schwere Batterien[XIV], 2 1/5 leichte Batterien, 1 1/5 leichte Heimatflakbatterien, 6 Scheinwerferbatterien und 1 1/2 Nebelbatterien mit Nebelfaßgeräten.[66] Auch die 10,5 cm Flaks wurden in Schweinfurt stationiert. Vier bis sechs dieser mobilen, auf Eisenbahnwaggons montierten Flaks, soll es in Schweinfurt gegeben haben.[69] Um eine bestmögliche Wirkung zu entfalten, mussten die Flaks unterschiedlicher Kaliber auf einander abgestimmt werden.[70]

Die Stellungen der leichten Flak waren außerhalb der Stadt, umrandet von Feldern. Eine leichte Flak mit zugehörigem Nebelscheinwerfer befand sich genau neben der Gerolzhöfer Eisenbahnbrücke, um diesen Verkehrsweg für die Kugellagerfabriken zu schüt-

8,8 cm Flakgeschütz, flach für Erdeinsatz

zen. Die leichten Kaliber bildeten den inneren Verteidigungskranz, um die Angriffsziele vor Tieffliegern zu beschützen. Meist wurden sie auf hohen Fabrikgebäuden, Hochbunkern oder an den Stadträndern stationiert.

Da die Angriffe über Schweinfurt fast alle in sehr großer Höhe stattfanden, kam die leichte Flak kaum zum Einsatz. *„Ich hab keinen einzigen Schuss abgegeben"*, erzählt Heribert Eichhorn. *„Wir*

XIV   eine leichte Flak-Batterie besteht i.d.R. aus 5 Zügen, wobei 1 Zug 3 Geschütze
        sind

haben beim Angriff nur um unser Leben gebangt. Wir waren nutz-los.", denn der Wirkungsradius der leichten Flak von 2000 Metern war zu gering, um die Angreifer zu erreichen. Die Befehlsstellen und die eigentlichen Geschütze lagen oft weit auseinander. Besonders wichtig war es, die Gefechtsbereitschaft der Flak immer zu gewähr-leisten. Die Baracken der Bedienung standen nur 30 Meter neben der Stellung, so dass man bei Fliegeralarm sofort an der Flak sein konnte.[71]

September 1943; Die Hofer Oberschüler an ihrem 2 cm Vierlingsgeschütz. Oben von rechts: Hermann Seidel, Heinz Höllein, Christian Schork, und ein Unbekannter; Unten von rechts: Eberhard Heinisch, Heribert Eichhornr

6.4.1 Das Kommandogerät

Um die Flughöhe der angreifenden Flugzeuge zu bestimmen, diente ein Kommandogerät. Damit konnte die Flugbahn der angreifenden Bomber berechnet und an die Geschütze weitergegeben werden. Die Werte konnten optisch oder elektrisch ermittelt werden. Zur elek-tronischen Erfassung diente ein Funkmessgerät. Zur optischen Er-fassung diente das sogenannte Kommandogerät 40. Es hatte einen

Messbereich von 1200 bis 18.000 Meter[72] Entfernung und arbeitete mit 20-facher oder 12-facher[73] Vergrößerung. Zur Bedienung des Kommandogerätes waren sechs Mann notwendig. E1 bis E3 dienten zur Entfernungsermittlung und der B4 bis B6 zur Bedienung des eingebauten Großrechners. Der E1 stand

Kommandogerät B1

in der Mitte des 4 m breiten Fernrohres. Der E2 war der Seiten- und der E3 der Höhenrichtmann. Egal ob sie die Daten optisch oder elektronisch ermittelten, sie wurden alle in den Rechner des Kommandogerätes eingegeben, den die B4 bis B6 bedienten. Die so ermittelten Schusswerte wurden an die Geschütze weitergeleitet. Dabei konnten sie auch Höhen-, Geschwindigkeits- und Kursänderungen der anvisierten Flugzeuge berücksichtigen. Bei Nacht waren die Geschütze ganz auf die elektrische Erfassung der Ziele durch das Funkmessgerät angewiesen. Mit seinem 3 Meter Parabolspiegel konnte es Ziele bereits auf 20 bis 30 Kilometer erfassen. Doch das System war störanfällig. Zum einen konnte dieses Messverfahren feindliche Flugzeuge und eigene Jäger nicht auseinander halten, zum anderen konnte es durch das Abwerfen von Stanniol-Streifen durch feindliche Flugzeuge überlistet werden.[74]

6.4.2 Die Scheinwerfer

Zur Flakstellung Schweinfurt gehörten auch sechs Scheinwerferbatterien. Meist kamen Scheinwerfer mit einem Durchmesser von 150 cm zum Einsatz. Der von ihnen erzeugte Lichtstrahl erreichte je nach Wetterlage bis zu 12 Kilometer. Die

Flakscheinwerfer 150 cm

Lichtstärke betrug 1,2 Milliarden Hefnerkerzen, was umgerechnet etwa einer Leuchtkraft von 1,08 Milliarden haushaltsüblichen Kerzen entspricht.[75] In Schweinfurt kamen auch kleinere Typen, mit 60 cm Durchmesser, zum Einsatz. Die Scheinwerfer dienten dazu, die im Verband fliegenden feindlichen Flugzeuge nachts anzuleuchten, damit sie für die Flak gut sichtbar waren.[76] Zur Mannschaft gehörten fünf Luftwaffenhelfer, welche getrennt von den anderen schliefen und aßen. Gegen Ende des Krieges kamen die Scheinwerfer aber kaum noch zum Einsatz, da die Lichtkegel der Scheinwerfer den angreifenden Flugzeugen die genaue Position der Stellung verrieten.

6.4.3. Der Dienstplan

Der Dienstplan der Schüler unterschied sich kaum von dem der Stamm-Soldaten, mit kleinen Ausnahmen wie zum Beispiel zwei Stunden mehr Schlaf für die Flakhelfer. Dazu gehörten eine Stunde „Bettruhe" nach dem Mittagessen und ein von 22.00 Uhr auf 21.00 Uhr vorverlegter „Zapfenstreich".[77] Um 9 Uhr abends mussten die Schüler also im Bett sein und um 6.30 Uhr wurden sie geweckt. Von 8 Uhr bis 18 Uhr war Dienstzeit. Tagesinhalte waren: Antreten, Geschütz- und Geräteexerzieren, Meldung machen, Waffen- und Munitionsreinigen, sowie Flugzeugerkennungs- und Schulunterricht.[78]

6.4.4 Die Nebelbatterien

Die Nebelbatterie war eine Anlage, die Nebel produzieren konnte, um feindliche Bomber an der Zielerfassung zu hindern. Mitte 1943 gab es 1 1/2 Nebelbatterien mit Nebelfaßgeräten in Schweinfurt. Bert Wagner erinnert sich noch an diese Anlagen: *„Der erzeugte chemische Nebel reizte die Schleimhäute der Geschützbesatzung erheblich, aber nicht so stark, dass die stets mitgeführten Gasmasken nötig gewesen wären."* Als Luftwaffenhelfer hatte man mit diesen Anlagen nichts zu tun, trotzdem waren sie Teil der Stellung.[79]

Unerwartete Nebelwirkung

Auf dem Weg zur Stellung sah man in der Nähe des Bahndammes einige kleine Hütten, in deren Umgebung der Boden und insbesondere die Grasnarbe schwarz versengt waren. Es hieß, dies sei eine Nebelwerferstellung. Diese und ihre Fassgeräte wurden von wortkargen älteren Flaksoldaten bedient, die bei entsprechendem Alarm oder auch mal bei einer Übung auftauchten und einen dicken Nebel erzeugten, der Hustenreiz auslösen konnte. Als Luftwaffenhelfer hatte man mit den Nebelwerfern nicht unmittelbar zu tun, konnte jedoch Unangenehmes mit ihnen erleben. Irgendwelche Verhaltens- oder Vorsorgemaßregeln wurden mir nicht erteilt. Als ich eines Abends von einem Ausgang zurückkam, war es sehr dunkel, es nieselte leicht. Tage zuvor hatte es Nebelalarm gegeben. Die Sicht war sehr schlecht, da es ja keine Lampen auf den Mainwiesen gab. Ehe ich mich versah, glitt ich aus und zwar gerade auf eine durch den Nebelwerfer schwarz versengte Stelle. Als ich mich mit Hilfe einer Hand wieder aufgerichtet hatte, brannte diese sofort, als hätte ich in die Brennnesseln gelangt. Sodann fühlte ich auch, dass ich solch ein Brennen auch am Hintern und an der Seite, auf die ich gefallen war, einschließlich Arm und Ellenbogen, hatte. Beim Betasten merkte ich, dass mein Mantel an den betroffenen Stellen wie versengt war, das heißt, es waren Löcher eingebrannt. Sofort zog ich Mantel und Hose aus und rannte im Dauerlauf zur Waschbaracke. Sowohl Mantel, als auch die anderen betroffenen Uniformteile musste ich zur Kleiderkammer bringen. Ein Protokoll wurde erstellt und ich erhielt neue Kleidungsstücke. Die Hautreizung verschwand mit der Zeit.

Eine Geschichte von Heribert Eichhorn

7 Die großen Luftschlachten

7.1 Der 17. August 1943

Die erste Einberufungswelle Hofer Oberschüler konnte vom großen Angriff auf Schweinfurt am 17. August 1943 nur noch die vielen Krater sehen, die die Bomben hinterlassen hatten. *„Als wir nach einem nicht ganz unbeschwerlichen Fußmarsch vom Bahnhof aus in der Stellung ankamen, sahen wir um die Baracken und Geschütze ein wahres Trichterfeld."* So beschreibt Heribert Eichhorn, einer der am 1. September 1943 einberufenen Hofer Luftwaffenhelfer, seinen ersten Eindruck vom Schauplatz des ersten Tagesgroßangriffes der US-Luftflotte auf Schweinfurt. Es schien wie ein Wunder, dass die Baracken und die Geschützstellungen samt Munitionslager unbeschädigt blieben. Im Nachhinein wundert sich Heribert Eichhorn, wieso nie ein Gespräch mit dem Stammpersonal über Verluste und Schäden stattfand und auch nie Gefühle angesichts der in unmittelbarer Nähe einschlagenden Bomben angesprochen wurden. Aber die jungen Luftwaffenhelfer lernten die Gefühle angesichts der direkten, schweren Bombardierung schon am 14. Oktober desselben Jahres kennen.[80] Allerdings waren im August schon zahlreiche Oberschüler aus anderen Teilen Frankens rekrutiert worden. Die im Februar 1943 eingerückten Bad Kissinger und Schweinfurter Jungen waren die ersten Luftwaffenhelfer, die in Schweinfurt zur Flakartillerie stießen.[81]

Am 17. August 1943 lag eine scheinbar schützende, von Nebelbatterien verursachte Nebeldecke über Schweinfurt. Allerdings schützte sie die falsche Seite, denn die Nebeldecke hinderte die eingehüllten Batterien daran, die feindlichen Bomber ordentlich zu lokalisieren und schützte so keineswegs vor dem Angriff. Schon seit Juli 1943 warfen die Gegner Metallfolien ab, die die Flakfunkmessgeräte störten. Dieser Trick fiel bei geschlossener Nebeldecke nicht auf, sodass die Flakmessgeräte die Folienstreifen als Flugzeuge orteten. Dadurch beschossen die Flaks am 17. August 1943 Stanniol statt Bomber oder Bomben.[82]

Der Angriff am 17. August 1943 begann mit einem versuchten, wie sich später herausstellte aber misslungenem Täuschungsmanöver von Seiten der Alliierten. Sie flogen mit ihren B-17 Bombern zunächst die Messerschmitt-Werke in Regensburg an. Dann drehten sie nach Süden ab, um in Nordafrika zu landen. Ziel dieser Aktion war es, die deutschen Jäger nach Süden zu locken. Denn in der Zwischenzeit hatten sich weitere alliierte Bomber in Richtung Deutschland aufgemacht – Ziel: Schweinfurt. Doch die deutschen Jäger ließen sich nicht, wie erhofft, ablenken, sondern versuchten auch die Angreifer auf Schweinfurt zu schädigen. Durch das doppelte Manöver erhielt der Angriff den Codenamen „Operation Double Strike". Dass die Operation nicht wie gehofft erfolgte, lag an einem Fehler auf alliierter Seite. Denn geplant war, dass zwei amerikanische Bomberverbände zwei Ziele im Süden Deutschlands – damals noch weit im feindlichen Gebiet gelegen – fast zeitgleich angreifen. Zehn Minuten Unterschied sollten die Starts der beiden B17-Bomberverbände haben. Daraus wurden letzten Endes drei Stunden, was der deutschen Luftwaffe genug Zeit verschaffte, um neu zu betanken und Munition nachzuladen. So kamen von 230 Bombern, die für diesen Angriff gestartet waren, nur 194 wieder zurück auf alliiertes Gebiet. Viele der Rückkehrer-Maschinen waren beschädigt, einige davon schwer bis irreparabel. Bei diesem ersten großen Angriff auf Schweinfurt kamen auf deutscher Seite 203 Menschen um. Darunter waren 70 Männer, 77 Frauen, 48 Kinder und 8 Fremdarbeiter.[83] Von den 146 nach Regensburg gestarteten Bombern gingen 24 verloren. Dabei ließen rund 200 Besatzungsmitglieder ihr Leben. In Regensburg und Umgebung kamen 400 Menschen um, darunter 91 Lehrlinge und viele Fremdarbeiter, meist russische Gefangene.[84]

Glück hatten die Menschen in Allach, München, Frankfurt und Aachen, denn diese Städte waren als Ausweichmöglichkeiten bzw. Nebenziele vorgesehen.

Dr. Georg Schäfer, der Inhaber von Kugelfischer, einer der Kugellagerhersteller Schweinfurts, hat noch in der Nacht nach dem Großangriff vom August 1943 den Umzug wichtiger Maschinen nach Eltmann, einem Städtchen circa 30 Kilometer östlich von Schweinfurt veranlasst. So wurde dieser Industriezweig dezentralisiert und damit weniger anfällig für Angriffe.[85]

Schweinfurt 1943, in der Nähe der Vierlingsflakstellung „Gerolzhofen Eisenbahnbrücke:
Hofer Oberschüler der Jahrgänge 1926 und 1927 in Arbeitsdrillichuniform in einem riesigen Bombentrichter

7.2 Der 14. Oktober 1943

Aus amerikanischer Sicht ging der 14. Oktober 1943 als verlustreichster Angriff im Zweiten Weltkrieg in die Geschichte ein.

> ## Black Thursday – der schwarze Donnerstag,
> ## nicht nur für Deutschland
> **„..und dafür habe ich meinen Freund verloren..."**

Auch der 14. Oktober 1943 schien ein sonniger Herbsttag wie die vorausgegangenen zu werden. Doch von Flugplätzen in England starteten an diesem Vormittag 291 fliegende Festungen der Amerikaner, um einen bedeutenden Industriestandort in Schutt und Asche zu legen – ihr Ziel an diesem Donnerstag waren die Kugellagerfabriken in Schweinfurt. Um 13:51 Uhr, während die Luftwaffenhelfer um Schweinfurt noch zu Mittag aßen, wurde bereits Luftgefahr 30 gemeldet, das hieß, feindliche Flieger könnten in 30 Minuten angreifen. Das störte die Luftwaffenhelfer allerdings noch wenig, denn solche Meldungen waren ihnen schon bekannt. Als dann um 14:05 Uhr der Fliegeralarm ertönte, musste das Essen stehen bleiben, denn die Geschütze waren schnellst möglich zu besetzen und Feuerbereitschaft zu melden. *„Um 14.24 Uhr erhielten wir die Meldung, es sei mit einem starken Angriff auf Schweinfurt zu rechnen."* erklärt Gerhard Greim die erste Ahnung des bevorstehenden Großangriffs. So sollte es nach nur sieben Minuten auch kommen. Denn die erste Welle der Bomber näherte sich bereits aus westlicher Richtung. Der Himmel verdunkelte sich immer mehr, denn die vielen amerikanischen Bomber waren im Anflug. *„ Die schwere Flak begann überall zu feuern. Am klaren Himmel standen dicht nebeneinander schwarze Explosionswolken der Flakgranaten."* erinnert sich Gerhard Greim an den großen Angriff vom 14. Oktober

Absturzstlle mit Flugzeugtrümmern

1943. „Unser Zugführer befehligte nur: *„Stahlhelme auf!"*. *Einige Bomber scherten aus den Pulks aus, andere trudelten zu Boden. Dann glitzerte es am Himmel. Die Bomben waren ausgelöst. Sie rauschten*

Angriff Oktober 1943

wie ein mächtiger Wasserfall. Auf den großen freien Flächen, Wiesen und Äckern, vor unserer Stellung blitzten die Einschläge, die immer näher kamen, auf. Instinktiv legten wir uns auf den Boden."

Gerhard Greim erinnert sich an das Getöse, das dieser Großangriff verursachte: *„Das Dröhnen von annähernd 300 viermotorigen Bombern, der Abwurf und Einschlag von 1200 Sprengbomben und 1700 Brandbomben, zusammen mit dem ununterbrochenen Feuern aus 190 Rohren der Flak entfesselte einen Höllenlärm."*

Auch Heribert Eichhorn erlebte diesen Angriff in der Flakstellung mit: *„Die Geschütze der leichten Flak in Oberndorf standen erhöht und waren von einem Erdwall oder Sandsäcken bis zur Schulterhöhe umgeben. In diesem Laufgang suchten wir so gut wie nur möglich Dekkung und trotzdem kamen wir uns von oben völlig ungeschützt vor."* Zwischen der letzten und der vorletzten Angriffswelle war dann ein größerer Abstand. Die Formation der Fliegenden Festungen war nicht mehr ganz vollständig und so nahm das Abwehrfeuer auf die verbleibenden zu. *„Als ich mich über die Brüstung beugte, um Ausschau zu halten, bemerkte ich mit Schrecken, dass die Formation eine kleine Linksschwenkung machte und direkt Kurs auf uns nahm. Und schon lösten sie auch die Bomben aus, während sie noch im Anflug auf uns waren, während die übrigen Bomberverbände alle ihre Bomben erst ausgelöst hatten, als sie schon an uns vorbeigeflogen waren. So konnten wir den Einschlägen hinterher sehen."* Beim letzten Bombardement mussten die jungen Hofer Oberschüler mit ansehen, wie sich ein riesiger Vorhang aus Erdbrocken, Rauch und Staub mit enormer Geschwindigkeit auf ihre Stellung zu wälzte. *„Von den Sprengbomben, die vor uns in die Stellung eingeschlagen hatten, fielen nur noch Erdbrocken und Sand auf uns,"* so Greim. *„Aber erst so 50 Meter vor uns war das Ende des Bombenteppichs. Wären die Bomben etwas näher eingeschlagen, wäre wohl kaum einer von uns heil davon gekommen."*

Um 15.36 Uhr wurde Entwarnung gegeben. Doch erst dann nahmen die Hofer das Ausmaß des Angriffes wahr. *„Nach 20 Minuten hatten die fliegenden Festungen ihre tödliche Last abgeworfen und Schweinfurt überflogen. Die Flak stellte ihr Feuer ein. Mit einem Schlag herrschte unheimliche Stille. Am Himmel baumelten amerikanische Soldaten an ihren Fallschirmen. Am Horizont krebsten einige wohl schwer beschädigte Fortress. Die Stadt war in Rauch eingehüllt und vom Qualm verdunkelt,"* beschreibt Gerhard Greim den Anblick, der sich ihnen nach der Entwarnung bot. Nicht alle Menschen hatten das Glück, das Bombardement auf Schweinfurt unbeschadet zu überstehen.

Der Angriff kostete weit über 200 Menschen das Leben, fast ebensoviele wurden verwundet und es gab 8000 bis 10.000 Obdachlose in der Gegend. Ein besonders tragisches Schicksal ereilte 60 Oberndorfer Zivilisten. Diese hatten unter einer Betonunterführung Schutz vor den Angriffen gesucht. Darunter waren wohl auch Arbeiter und der Betriebsleiter, die auf dem Weg zur Arbeit in die Schweinfurter Fabriken waren. Allerdings traf eine Bombe ihre vermeintliche Deckung, die so zur tödlichen Falle wurde. Heribert Eichhorn, der bei diesem Angriff in Oberndorf

Heribert Eichhorn in einem Bombentrichterfeld nach dem Luftangriff

stationiert war, erinnert sich genau an diesen Vorfall: *„ Unweit unserer Stellung war eine Kiesgrube. Da fiel eine Bombe, was ich bemerkte. Da habe ich mich von den Aufräumarbeiten rund um die Stellung kurz abgemeldet, während Schweinfurt brannte. Zu der Kiesgrube mit einem Unterstand führte ein kleiner Wirtschaftsweg mit einer Unterführung, wo nach dem Angriff ein paar Leute standen. Daneben war ein großer Baum und darin hingen Leichenteile, das waren zum Teil Kinderleichen.“* Auch in der Ortschaft Oberndorf, nahe Schweinfurt, waren Verluste zu beklagen. Denn während dieses verheerenden Luftangriffes wurde dort ein Kindergarten voll getroffen. Dabei kamen vier Jungen und Mädchen ums Leben. In der Heimat der Hofer Oberschüler erfuhr man lediglich über den Wehrmachtsbericht im Radio, welche Stellen angegriffen wurden.

Brandschäden am Stadtrand von Schweinfurt

Tagangriffe waren zwar noch nicht so häufig im Verlauf des zweiten Weltkrieges vorgekommen, doch dieser wurde trotzdem sehr präzise ausgeführt. Allerdings stießen die B17-Bomber bei ihrem Anflug auf Schweinfurt auf starkes Abwehrfeuer der Flakartillerie, sodass auch sie viele Verluste hinnehmen mussten.[86] Nur rund 230 amerikanische Maschinen kehrten überhaupt zurück und davon waren circa 140 beschädigt.[87]

Die ehemaligen Besatzungsmitglieder der amerikanischen
Bomber vom 14. Oktober 1943
haben im Gedenken an die
verheerende Luftschlacht die
Second Schweinfurt Memorial Association gegründet. Die
Mitglieder treffen sich jährlich.
Dabei führte sie der Weg im
Jahr 2002 nach Schweinfurt,
wo ein ehemaliger Funker und
Mitglied einer Bomberbesat-
zung vom 14. Oktober noch
einmal die amerikanische Sicht
des Angriffes erklärte: *„Beim*

Hofer bei Aufräumungsarbeiten

Briefing am Morgen des 14. Oktober gab es eine Menge Oh- und Ah-
Ausrufe, als der rote Faden auf der Karte in Richtung Schweinfurt
deutete, denn einige von uns waren schon am 17. August dabei, als
36 B17 Bomber abgeschossen worden waren. Wir überquerten den Är-
melkanal Richtung Holland. Die amerikanischen Jagdflugzeuge er-
reichten die Grenze ihrer Reichweite und kehrten zurück. Die deutschen
Jäger brachen sofort auf uns ein. Ich hatte noch nie vorher so viele
Jagdflugzeuge gesehen. Unser Flugzeug erzitterte nach dem Treffer ei-
nes 20 mm Geschosses, das ein Loch verursachte, das groß genug war,
dass ein Mensch durchfallen konnte. Der linke Bordschütze wurde am
Oberschenkel verletzt. Der rechte Bordschütze gab ihm eine Morphium-
spritze und wickelte ihn in eine Decke. Dann explodierte ein Geschoss
im Funkraum, zertrümmerte die Funkanlage und zerstörte die Sau-
erstoffanlage. Ich hing mir mein kleines Sauerstoffnotgerät um.
Die Geschütze hatten nur noch wenig Munition übrig, bevor wir den
Zielanflugpunkt erreicht hatten. Jetzt begann das Bombardieren. In

dem Moment setzte die Flak massiv ein. Sie schien nicht sehr stark zu sein, aber ich würde sagen, sehr genau. Den Flakhelfern, die sich oft gefragt haben, ob sie je getroffen hätten, kann ich heute sagen, jawohl, Sie haben getroffen. Wir zockelten zum Ärmelkanal zurück. Nach sicherer Landung erfuhren wir, dass nur 5 unserer 18 Flugzeuge Schweinfurt erreicht hatten. Die 8. Luftflotte verlor an diesem Tag insgesamt 60 Bomber.“ [88] Auf deutscher Seite mussten 30 Flugzeuge als Verlust verzeichnet werden.

Gerhard Greim erinnert sich an die Zerstreuung der Kugellagerindustrie aufgrund der Bombardements: *„Nach Abschluss der Dezentralisierung fertigten die Schweinfurter Werke in nicht weniger als 23 Ortschaften, darunter Mainleus, Ebelsbach, Iphofen. Auch in meinem Heimatort Schwarzenbach an der Saale wurde die Spinnerei für Kugelfischer ausgeräumt und sogar ein großes Barackenlager für die Beschäftigten, meist Ostarbeiter errichtet. Ferner wurden breit gestreut sichere Lagerstätten angelegt, um die Kugellager unverzüglich nach ihrer Fertigstellung bombensicher zu verwahren.“* [89] Die Bombenangriffe der Amerikaner und Engländer auf Schweinfurt hatten damit nicht die erhoffte Wirkung. [90]

Beim Treffen der Second Schweinfurt Memorial Association im Oktober 2002 in Schweinfurt war auch Heribert Eichhorn anwesend und erinnert sich an den Besuch der amerikanischen Fliegerveteranen in einer Kugellagerfabrik: *„Einer der Teilnehmer fragte den Prokuristen des Betriebes, was bei dem Angriff am 14. Oktober zerstört wurde und in welchem Umfang die Produktion ausgefallen ist. Nach Durchsicht entsprechender Unterlagen die Antwort: „4 Wochen nach diesem Angriff hatte die Produktion wieder 80 Prozent erreicht.“ Feststellung des ehemaligen US-Airman: „Und dafür habe ich meinen besten Freund verloren.“*

In der Folge dieses Angriffs wurde der Flakgürtel rund um Schweinfurt weiter verstärkt. Die Abwehr trat auch noch einige Male in

Aktion, aber besonders am 24. und 25. Februar, beim großen Dreifachangriff auf Schweinfurt kamen die hauptsächlich von Luftwaffenhelfern bedienten Flaks erneut zum Einsatz.

Luftaufnahme der Bombenkrater von Schweinfurt, April 1944

7.3 Der 24. und 25. Februar 1944
Der erste Dreifachschlag in der Geschichte
des Weltkrieges

„Nach jedem Bombenangriff war der Strom weg, dann fuhren Autos bei neuem Alarm und Entwarnung mit Sirenen auf dem Dach – schaurig, wie Totenmusik." Alfred Sinterhauf erinnert sich noch an besondere Details des Dreifachangriffes vom 24. und 25. Februar 1944.

Gegen Mittag des 24. Februar begannen die Amerikaner mit der Bombardierung Schweinfurts. Zu dieser Zeit ahnten die jungen Luftwaffenhelfer noch nicht, dass dieser Angriff nicht der Einzige des Tages bleiben sollte.

Schweinfurt brennend beim Tagangriff am 24.02.1944; Links ein Geschützturm mit 2 cm Vierlingsflak

An den morgendlichen Angriff der Amerikaner erinnert sich Gerold Munzert noch sehr genau: *„Am Vormittag flogen riesige Bomberpulks vom Typ Super Fortress II, den viermotorigen Maschinen an unserer Stellung vorbei. Die waren ähnlich, wie die deutschen Zielmaschinen, die für Übungszwecke für die Flakbatterien eingesetzt wurden. Allerdings flogen die Amerikaner in sehr großer Höhe, sodass sie bei der Reichweite unserer Kanonen nur in einem sehr begrenzten Sektor wirkungsvoll beschossen werden konnten."* Aber noch schlimmer sollte es Schweinfurt und die dort Stationierten nur wenige Stunden später treffen.[91]

Der von den Alliierten geplante „Twin Blow"[xv] wurde zum Triple, denn die Bomber griffen Schweinfurt an diesen beiden Tagen gleich dreimal an. Nachdem Amerikaner und Briten Schweinfurt bisher

---

XV   Doppel-Schlag

getrennt voneinander bombardiert hatten, kombinierten sie
nun ihre beiden Strategien.
Dadurch wurde aber auch der
direkte Vergleich, ob die Tagangriffe der Alliierten oder die
Nachtangriffe der Briten effek-
tiver waren, möglich. Der Angriff begann am 24. Februar
1944 um 13.25 Uhr. Während

Bombenschäden in Bahnhofsnähe, Schwinfurt Sommer 1044

des 21-minütigen Bombardements warfen etwa 280 amerikanische
Bomber ihre tödliche Fracht ab. Dann konnte erst einmal Entwarnung gegeben werden. Doch das hielt nicht allzu lang an, denn
schon gegen 22.59 Uhr desselben Tages waren britische Bomber am
Himmel über Schweinfurt aufgetaucht, um die Stadt 36 Minuten
lang anzugreifen. Nur knapp zweieinhalb Stunden vergingen, bis
die nächsten Fliegenden Festungen aus Richtung Großbritannien
zum Angriff ansetzten. Deren Bombardement auf Schweinfurt in
der Nacht des 25. Februars 1944 dauerte 40 Minuten.[92]

Während ihrer zwei Nachtangriffe warfen die 662 britischen Angreifer eine Bombenlast von 2100 Tonnen auf Schweinfurt und die
zahlreichen Dörfer in der Umgebung. Doch auch von deutscher Seite gab es „Erfolge" zu vermelden, denn 166 Flugzeuge der Alliierten kehrten nicht in die Heimat zurück. In Schweinfurt starben bei
diesem Dreifachangriff 362 Menschen. Deshalb ging der Tag in die
städtische Geschichte als „Schwarzer Freitag" ein.[93]

Eigentlich sollte der Dreifachangriff die deutsche Kugellagerindustrie endgültig vernichten. Doch bereits nach dem letzten schweren
Angriff auf Schweinfurt im Oktober 1943 war die Kugellagerindustrie dezentralisiert und auf ganz Deutschland verteilt worden. Es
war also keineswegs der von den Amerikanern erhoffte Todesstoß
für die Kugellagerindustrie von Schweinfurt.[94]

Die Briten bombardierten von je her eher die Wohngebiete, um die Moral der Menschen zu schwächen und deren Sicht auf die NS-Diktatur zu verändern. Deshalb standen nach dem ersten britischen Angriff von 22.59 bis 23.35 Uhr mit 392 Bombern auch eher die Stadt Schweinfurt und die Bezirke der Umgebung in Flammen. Das Industrieviertel war schon um die Mittagszeit des 24. Februars bombardiert worden. In der Nacht des 25. bombardieren noch einmal 342 britische Flieger Schweinfurt und Umgebung.[95] Allein in der Stadt sterben 362 Menschen. Knapp zwei Drittel davon sind Fremdarbeiter. Viele Menschen können sich in die zahlreichen Bunker retten, doch die Luftwaffenhelfer an den Flaks sind den Angriffen ausgeliefert. So kommt es, dass die sieben Luftwaffenhelfer der 4. Batterie der leichten Flakabteilung 953 im Gleisdreieck westlich des Hauptbahnhofs zwischen Oberndorf und dem Schweinfurter Stadtteil Bergl bei der letzten Angriffswelle zu Tode kommen. Denn unmittelbar über ihrer Stellung wirft ein britischer Bomber eine Luftmine ab. Die Druckwelle der Explosion zerreißt den sieben Luftwaffenhelfern und vier Soldaten die Lungen. Die getöteten Oberschüler Karl Heinz Hahn, Helmut Mark, Werner Lipponer, Helmut Rüdiger, Arno Saftenberger, Franz Anton Steffan und Wilhelm Otto Thieß stammten aus Würzburg und waren zur Zeit des Angriffs alle erst 15 oder 16 Jahre alt. Einige weitere Luftwaffenhelfer, Flaksoldaten und russische Hilfswillige werden dabei verletzt.[96]

Das Schicksal der Lipponers ist nach dem Unglück vom Gleisdreieck genauer bekannt, denn am Abend des 24. Februar schrieb die

LWH Arno Schultheis aus Hof vor der 8,8 cm Flak in Kaltenhof vor den Angriffen am 24. und 25. Februar 1944

Mutter Werner Lipponers noch einen Brief an ihren Sohn, der sich seit einem kurzen Heimurlaub nicht mehr bei ihr gemeldet hatte. Der Brief enthielt die Bitte, er möge sich doch schnellstmöglich melden, denn „wir sind natürlich alle in furchtbarer Angst um dich." Noch während sie den Brief schrieb, hörte Frau Lipponer das Kriegsgetöse und vermutete, es sei ein Angriff auf Schweinfurt, wie auch schon früher am Tag vermutet worden war. Damit lag sie auch nicht falsch. Der Brief, den sie schrieb und sogleich zum Briefkasten brachte, erreichte ihren Sohn nicht mehr, denn er starb noch in derselben Nacht. Doch davon erfuhren die Eltern erst, als ein paar Tage später besagter Brief mit der Aufschrift „Für Großdeutschland gefallen." zurück kam.[97] Erst ein Jahr zuvor war Werner Lipponer wegen der schweren Angriffe auf Kassel von seinen Eltern an eine Schule in Würzburg versetzt worden. Von da aus wurde er nach Schweinfurt beordert.[98]

Während die sieben Würzburger Luftwaffenhelfer in der Geschützstellung ums Leben kamen, traf es den Hofer Oberschüler Otto Pöhlmann beim Auskurieren einer Angina, weshalb er gezwungen war das Bett zu hüten. Beim Nachtangriff wurde die Baracke, in der sich der erkrankte Luftwaffenhelfer befand, von einer abstürzenden Maschine getroffen und brannte aus.

Trichter ehem. Baracke Pöhlmann

Gerold Munzert bestätigt, dass die Nacht vom 24. auf den 25. Februar bei denen, die sie miterleben mussten, mit Sicherheit nie in Vergessenheit geraten wird. *„Britische Bomber der Typen Halifax, Lancaster und Beaufighter flogen einen erneuten fürchterlichen Angriff auf Schweinfurt. Von unserer Stellung aus, hoch über der Stadt, hatten wir einen guten Ausblick auf das Inferno, das sich dort unten abspielte. Die Stadt stand in hellen Flammen."* Doch diesmal schienen es die Bomber nicht nur auf die Kugellagerindustrie abgesehen zu haben, sondern auch auf deren Verteidiger. *„Vermutlich, weil die Kollegen am Vormittag von uns so viel Feuer bekamen"*, mutmaßt Munzert. Er berichtet weiter, dass sich unter die Geräuschkulisse der Geschütze und der hochfliegenden Bomber in dieser Nacht ein anderes, furchtbares Geräusch mischte. Wie sich später herausstellte, gehörte das Aufheulen und ein folgender Knall zu einer abstürzenden Maschine, die direkt bei der Stellung explodierte. Dabei geriet auch die nahestehende Baracke der Luftwaffenhelfer in Brand.[99]

„Jeder, der an Geschütz oder Gerät entbehrlich ist, sofort zum Löschen der Baracke!" war der Befehl, den die jungen Luftwaffenhelfer sofort bekamen. Aber viel retten konnten sie nicht. Der ehemalige Hofer Oberschüler Gerold Munzert erinnert sich an diese Nacht: *„Die Baracke war wie ein Kartenhaus zusammengebrochen und brannte lichterloh. Unser Löschversuch bestand darin, dass wir mit Waschschüsseln Wasser aus einem Erdloch schöpften. So verbrannten in dieser Nacht all unsere persönlichen Dinge."* Doch der Brand hatte noch schwerer wiegende Folgen, denn die Luftwaffenhelfer mussten mit ansehen, wie ihr Kamerad verbrannte. *„Viel schlimmer, als der Verlust unseres persönlichen Hab und Gutes war, dass unser Freund und Kamerad Otto Pöhlmann bei diesem Nachtangriff zu Tode gekommen ist. Er war zu dieser Zeit krank und während des Angriffs in der Unterkunft. Man fand ihn schwer verletzt unter den Trümmern, trotzdem kam für ihn jede Hilfe zu spät."* so beschreibt Gerold Munzert die Geschehnisse der Nacht vom 24. zum 25. Februar.[100]

Doch auch in der Heimat hatte man schnell vom großen Angriff erfahren. Nicht nur, dass man die Bombardements bis Hof hörte, auch verbreiteten sich schnell Gerüchte über den schweren Angriff. So gerieten die Eltern der Oberschüler natürlich in Sorge um ihre Kinder. So schrieb die Mutter Hohenbergers am 25. Februar in ihr Tagebuch: *„Schnell rief ich bei Wagners in Weißenstadt an, die mir sagten, sie hätten Angriffe bis halb zwei nachts beobachtet und meinten, es könne nur Schweinfurt sein. Auch in der Oberschule Hof rief ich an. Dort teilte man mir mit, den Hofern sei nichts passiert. Am Nachmittag* *hörten wir darüber dann im Heeresbericht.*" Das Radio und die Zeitung waren für die Eltern die einzige Informationsquelle. Nur so und natürlich durch Mundpropaganda und Gerüchte verbreiteten sich die Meldungen der Angriffe. Doch erst, als sie wieder von ihren eigenen Kindern hörten, konnten sich die Eltern beruhigen.[101] In einem Brief vom 27. Februar berichtet Gottfried Hohenberger dann endlich, wie es den Jungen beim Angriff ergangen war und dass er und seine Hofer Kameraden nichts abbekommen haben. Vom Tod Otto Pöhlmanns erwähnt er nichts. Vermutlich war das noch nicht bis zu ihm gedrungen oder er wollte seine Eltern nicht beunruhigen.

Zum Tod des Luftwaffenhelfers Otto Pöhlmann schrieb dessen Schwester Ursula Nies die damaligen Geschehnisse in ihrem Buch „Kindheit unterm Hakenkreuz" in sehr bewegender Weise nieder. Die kleine Schwester hatte ihren Bruder noch mit zum Bahnhof gebracht, als er eingezogen wurde. Dann sollte sie ihn nur ein weiteres Mal sehen. Ein zweiter Urlaub wurde dem 15-Jährigen wegen eines unaufgeräumten Spindes verwehrt, was er seinen Eltern noch postalisch mitteilte.

Beerdigung von Otto Pöhlmann

„Einige Tage später klingelte ein Angestellter der Stadt an der Tür, drুckste herum, fragte, ob er hereinkommen dürfe, blieb dann aber doch im Flur stehen, drückste wieder herum und rückte dann doch stockend heraus: ‚Die Flak in Schweinfurt ist bombardiert worden. Es hat Tote gegeben und unter den Toten…Sie verstehen…'.

Meine Eltern hatten verstanden. Sogar ich hatte verstanden. Der Angestellte der Stadt drückte meinen Eltern stumm die Hand. Danach hatte er es eilig wegzukommen. Wortlos setzten wir uns an den Tisch. Niemand weinte eine Träne. Mutti sagte in regelmäßigen Anständen:

‚Mein guter Bub!'
Vati saß mit verkniffenen Lippen da und preßte immer wieder hervor: ‚Der Verbrecher.'

Ich sagte gar nichts. der Wasserhahn tropfte, die Uhr tickte, die Küche wurde kalt, weil niemand daran gedacht hatte, Kohlen nachzulegen. Gegen Abend kamen ein paar Bekannte, die von dem schrecklichen Unglück gehört hatten. Sie reichten meinen Eltern stumm die Hand, blieben eine Weile bei uns sitzen und gingen dann wieder. Keiner versuchte ein Wort des Trostes zu finden. Es gab keines. Was sollte man Eltern sagen, die ihren 15-jährigen Sohn verloren haben, weil ein Wahnsinniger das Volk regiert? Gegen Abend ging ich erstmals ohne Aufforderung ins Bett, nachdem ich das Margarinebrot verschmäht hatte, das Mutti mir gemacht hatte. Erst im Bett konnte ich weinen. Meine Eltern brauchten Tage, bis sie überhaupt weinen konnten. Von diesem Schicksalsschlag sollten sie sich niemals wieder erholen. [...]

Am nächsten Tag lagen drei amtliche Schreiben in der Post. Das erste teilte mit, daß die Lebensmittelkarte des Gymnasiasten Otto Pöhlmann ‚wegen Todes' eingezogen worden sei. Vatis Lippen wurden noch einen Grad schmaler, als sie ohnehin schon waren. Wortlos legte er das Schreiben beiseite. Das zweite Schreiben war eine Anfrage irgendeines Schatzmeisters, ob meine Eltern bereit seien, die Überführungskosten zu übernehmen. Meine Eltern waren bereit. Das dritte Schreiben war ein Kondolenzbrief des Kreisleiters, in dem er vorschlug, von einem militärischen Begräbnis abzusehen, da mein Bruder ja noch kein richtiger Soldat gewesen sei. Meine Eltern waren dagegen.

‚Das würde den Verbrechern passen', sagte Vati. ‚Erst ziehen sie Kinder zum Militär ein und dann ist es ihnen peinlich, einen 15-jährigen Soldaten mit militärischen Ehren zu begraben.'

Die nächsten Tage brachten viele Behördengänge für meine Eltern mit sich und damit ich nicht überall im Weg stand, brachten sie mich in den

Kindergarten. Dort waren alle sehr nett zu mir. [...] Auch am Begräbnistag brachten mich meine Eltern in den Kindergarten. Als das Begräbnis begann, holte mich die Kindergärtnerin ans Fenster. Aufgewachsen im Deutschland der Hitlerzeit hatte ich schon einiges an pompösen Aufmärschen und Feiern erlebt. Aber ein Spektakel wie dieses, das sich mir in der nächsten halben Stunde bot, das hatte ich vorher noch nie gesehen.

Vorneweg marschierten Fahnenträger. dahinter kam eine Musikkapelle. Von den Instrumenten waren aber nur die Trommeln im Einsatz. Eine Trommel gab den Marschrhythmus vor, während die anderen Trommeln einen Trommelwirbel erzeugten, der nur ganz fein zu hören war, aber nie unterbrochen wurde und eine unheimliche Stimmung erzeugte. Hinter der Kapelle marschierten SA-Soldaten. Der Gleichschritt der SA-Stiefel übertönte den Trommelwirbel, was den Zug fast gespenstig erschienen ließ. Hinter den SA-Männern entdeckte ich meine Eltern. Ich machte mich am Fenster bemerkbar und rief und winkte. Meine Eltern sahen kurz zu mir her, dann wandten sie den Blick ab und gingen weiter. Hinter meinen Eltern marschierten Hunderte von Hitlerjungen. Die Hitlerjugend der gesamten Stadt und das gesamte Jungengymnasium Hof hatte man mit Bussen und Bahnen zusammengeholt. Hinter den Hitlerjungen liefen kleinere Jungen mit kurzen Hosen und weißen Kniestrümpfen. Ich glaube, man nannte sie Pimpfe. Hunderte von Kinderbeinen in weißen Kniestrümpfen bewegten sich im Gleichschritt vorbei. Wegen des jugendlichen Alters meines Bruders hielt der Kreisleiter selbst die Grabrede. Er sprach davon, daß so ein junger Mensch in beispielhafter Weise sein junges Leben für sein Vaterland hingegeben habe. Am Abend nach der Beerdigung konnten meine Eltern zum ersten Mal weinen. Viel später sagten sie mir, daß das strahlende Kind am Fenster des Kindergartens, das die Tragik des Geschehens noch nicht voll erfaßt hatte, einer der schlimmsten Augenblicke dieser Tage war.“[102]

Erzählt von Otto Pöhlmanns Schwester, Ursula Nies

7.4 Weitere Luftangriffe auf Schweinfurt

Ab dem dreifachen Angriff bis Kriegsende wurde Schweinfurt noch 14 mal aus der Luft angegriffen, meist von kleineren Verbänden. Einer dieser Angriffe fand am 13. April 1944 statt. Und obwohl es sich dabei nicht um eine große Luftschlacht handelte, hatte das Bombardement doch verheerende Wirkung. Bert Wagner war an diesem Tag gerade in Ausbildung, als der Angriff kam. Sein Ausbildungszug wurde dabei voll getroffen. Acht Luftwaffenhelfer kamen dabei ums Leben.

Alte Kameraden

Die Vorliebe für Militärmusik, flott gespielt, ist bei vielen Deutschen trotz der erfolgreichen politischen Umerziehung der letzten Jahrzehnte vorhanden. Der Favorit ist „Alte Kameraden", einer der schönsten deutschen Militärmärsche, auch zum Mitsingen.

April 1944. Nach dem verheerenden Angriff vom Februar wird Schweinfurt erneut Angriffsziel – zwar nicht im Sinne einer Luftschlacht, Menschenverluste waren aber doch zu beklagen. Nach dem Bombardement marschieren Luftwaffenhelfer in Dreierreihen von ihren Gefechtsstellungen in Richtung Niederwerrn zur Panzerkaserne. Dort steht Gymnasialunterricht auf dem Plan: „Hermann und Dorothea" in Deutsch, Integral in Mathematik und der Anbau von japanischen Süßkartoffeln in Erdkunde.

Sie kommen an einer Flakstellungen vorbei – Rechts ein Bombenkrater. Die 2 cm hatte einen Volltreffer. Rings herum liegen acht oder zehn HJ-uniformierte Leichen – Luftwaffenhelfer. Es sind die noch nicht geborgenen Bombenopfer. Betroffen bleibt die Kolonne stehen, ohne Befehl. Das aber darf nicht sein, es gilt als Befehlsverweigerung. ‚3. Zug antreten, richt' euch! Stillgestanden, singen, ein Lied! „Alte Kameraden". Drei, vier...' Die Sechzehnjährigen sangen, sangen, weil es befohlen wurde. Vor ihren Augen die zerstörte Batterie, drum herum ihre Schulkameraden, tot, zerbombt.

Alte Kameraden, so schmissig und klangvoll es sein mochte - seit 1944 kein Thema mehr für jene Schweinfurter Flakhelfer. Auch alte Männer können Jahrzehnte danach noch mit feuchten Augen aus dem Zimmer gehen, wenn diese Musik erklingt...

eine Geschichte von Bert Wagner

Ein Nachtrag

Die durch Bombenangriffe verursachten Verluste der Zivilbevölkerung von Schweinfurt betrugen insgesamt über 1000 Tote.[103] Die letzte Angriffswelle erfolgte am 10. April 1945 um 12 und 17 Uhr. Nur einen Tag später kapitulierte Schweinfurt. Die amerikanischen Truppen besetzten Schweinfurt.[104] Zu diesem Zeitpunkt befanden sich keine Hofer Luftwaffenhelfer mehr im Einsatz an der dortigen Flak. Sie waren bereits entlassen und zum Reichsarbeitsdienst oder der Wehrmacht eingezogen. Am 8. Mai 1945 kapitulierte Deutschland.

Gleisdreieck Luftaufnahme der US-Airforce von Bombenkratern in Schweinfurt, August 1944

Luftaufnahme der Bombenkrater von Schweinfurt, August 1944

8 Von den jüngeren Jahrgängen

Die folgenden Tagebucheinträge und Bilder wurden weitgehend unverändert aus den Aufzeichnungen des Hofer Luftwaffenhelfers Erich Günther, Jahrgang 1927, übernommen. Er war Schüler einer der drei Klassen, die mit den drei älteren Oberschulklassen im September 1943 abkommandiert wurden. Günther wohnt jetzt in Coburg.

1.9.1943	Fahrt von Hof nach Schweinfurt-Stadtbahnhof. Marsch zur Klingenhöhe. 2 cm Flak-Geschütze auf Holztürmen erwarten uns. Erste Vorgesetzte: Batterie-Chef: Hauptmann Hess („Zwockl", Österreicher) Oberwachtmeister Kemnitz, Unteroffiziere Dreyer und Schick, Obergefreiter Lenze
9.9.	Weitere 30 Hofer Schüler kommen.
18.9.	Diphterie-Ausbruch – Quarantäne.
22.9.	Fünf Mann zum Scheinwerfer.
13.10.	Vereidigung.
14.10.	Luftangriff von 250 -300 Maschinen. Bomben auf das Industrieviertel und des Stadtgebiet.

Von rechts nach links: Die Hofer Oberschulluftwaffenhelfer der zweitältesten 3 Klassen: Krauß, Schimmel, J. Hohenberger, Hollfelder an der 2 cm Soloflak auf einem der Holzflaktürme 1943. Der 5. Luftwaffenhelfer ist nicht mehr feststellbar.

25.10.	Wache um Mitternacht. Unbekannte Person versucht einen der Geschütztürme zu erklettern. Reagiert nicht auf „Halt"-Rufe. Gewehr durchgeladen und schießen angedroht. Darauf gibt sich der Eindringling als Hauptmann Hess zu erkennen, der nicht informiert war, dass wir mit scharfer Munition Wache gehen. Folge: Nur noch unbewaffnete Wache, der sog. Knüppelposten.
28.10.	Beginn des Schulunterrichts.
14.11.	Ausbildung an Vierlingsflak beginnt.
2.12.	Stube 6 überfällt nachts den Posten. Jahreis alarmiert den Zugführer. Folge: Stubenarrest.
15.12.	Neuer Zugführer: Wachtmeister Bartholowitsch.
16.12.	Mit Jahreis und Mehringer zum Rapport wegen Kartenspielens um Geld.
7.1.1944	Neue Führungsmannschaft: Oberleutnant Konrad („Der rote Ober") kommt von der Ostfront, Wachtmeister Ballier, Unteroffiziere Meier und Rühl.
15.1.	Waffenabgabe für die Front.
3.2.	Bierabend mit Zeitung.
10.2.	Jahrgang 1926 wird zum RAD entlassen.
22.2.	Neue Waffen: Sockelgeschütze mit Schwebekreisvisier.
24.u. 25.2.	Dreifachangriff: Ein wolkenloser Tag. In der Mittagsstunde Fliegeralarm. Ich gehe mit Wolf auf den Turm. Meldung: 25

Jeweils von links nach rechts an der 2cm Flak Klingenhöhe:
unten: Ludwig, Hohenberger Johannes,
mittlere Reihe: Wolf Hans, Schimmel Harry, Krauß Richard
oben: Heinrich Hans, Wolfrum Helmut, Them Richard, Holfelder

Maschinen Nord-Ost Schweinfurt. Mit einem Angriff ist zu rechnen. Nach wenigen Minuten taucht der erste Pulk „Fortress" auf. Höhe 5 - 6000 m. Die ersten Bomben fallen ins Industrieviertel. Am 5. Geschütz fällt eine große Brandbombe in die Waschanlage und bleibt als Blindgänger liegen. 2 Kanister fallen in die Gärten der Spalatinstraße und brennen aus. Ein Volltreffer geht in die Batterie-Befehlsstelle. Die Baracke brennt ab. Zum Schluss kommen Flugblätter in Bündeln. Wir eilen zur Batterie-Befehlsstelle und retten, was zu retten ist, und das ist nicht viel. Anschließend geht ein Aufräumungstrupp in die Stadt. Ich bin dabei. Gegenüber dem Gymnasium brennt die Pharma-Fabrik. Wir bergen aus dem Keller die Spiritusballons. In der Rossbrunnstr. 23 berge ich mit Heinritz, Walther und einigen Soldaten des Schweinfurter Panzerbataillons 7 Tote aus dem zertrümmerten Keller. Die Leichen sind furchtbar zugerichtet. Die Bergung ist äußerst schwierig, da die Leichen erst freigelegt werden müssen und dann durch ein enges Kellerfenster raus müssen. Der Gestank ist scheußlich. Wir sehen wie die Metzger aus, blutverschmiert. Anschließend bergen wir noch verschiedene Sachen aus brennenden Häusern, oft erst nach halsbrecherischen Kletterpartien.

21:30 Uhr erneut Alarm. Ich bleibe zunächst im Bett. Als die Flak zu schießen beginnt, stehe ich auf. Plötzlich werde ich vom Luftdruck an die Wand geworfen. Die Baracke zittert.

V 2 cm-Flakstellung Schweinfurt-Klingenhöhe mit 3 Geschütztürmen und Unterkunftsbaracke der Hofer zweitältesten Oberschulklassen ab September 1943.

Als ich ins Freie komme, ist alles taghell. Ich falle kopfüber in einen Graben. Über uns 2 Reihen Leuchtbomben. Es folgen 3 Kaskaden. Der Oberleutnant befiehlt: „Alles verteilen bis zu Werfer!" Ich laufe los. Da fallen die Bomben. 20 m vor mir krepiert ein größeres Kaliber, gleich daneben noch eine. Ich werfe mich in eine Furche. Die Splitter fliegen mir um die Ohren. Ich schleppe mich in den Trichter und warte das Ende des Angriffs ab. Es fällt Bombe um Bom-

J. Hohenberger am 3,7 cm Flakgeschütz.

be. Nach einer halben Stunde ist endlich Ruhe. Wir sind wie durch ein Wunder ohne Verluste.

1:30 Uhr erneut Alarm und Angriff. Ich laufe mit Wolf sofort in den alten Bombentrichter. Mit ohrenbetäubendem Heulen fällt eine Luftmine. Der Luftdruck nimmt uns fast den Atem. 1 1/2 Stunden lang fallen wieder Bomben. In der Baracke sieht es toll aus. Alles ist durcheinander geworfen. Fenster zertrümmert, Verschalungen aus dem Leim. Wie wir sind, werfen wir uns ins Bett.

Der Nachtangriff hat leider Verluste gekostet. Die Unteroffiziere Lenze und Schick, Obergefreiter Bannert, ein LW-Helfer und 3 russische Kriegsgefangene (Hiwis) - siehe auch nachstehend unter dem Datum 13.4. - fielen beim 4. Zug durch Luftmine.

	Wir waren drüben und haben aufgeraumt. Den Toten hat es wohl die Lunge zerrissen.
28.2.	Dachdeckerarbeiten in der Spalatinstraße.
20.3.	Umzug nach Kitzingen-Großlangheim.
27.3.	Zurück in die alte Stellung in Schweinfurt. Umschulung auf 3,7 cm Flak (Oberfähnrich Becker).
31.3.	Angriff. Hinter unserer Stellung brennt der Schuppen des Sägewerks. Ringsum viele Kanisterblindgänger. Wieder kaputte Scheiben und Risse in der Baracke.

Von rechts nach links:
Die Hofer Oberschüler der zweitältesten 3 Klassen: Sorge, J. Hohenberger, Will, Bauer und Mehringer am 3,7 cm Ausbildungs-Flakgeschütz südlich der Panzerkaserne 1944. Dieses Geschütz wurde beim Luftangriff 13.04.1944 durch Volltreffer zerstört (siehe Tagebuchnotiz Günther vom 13.04.1944).

13.4.	Angriff 13:55 Uhr bis 14:14 Uhr. Bomben aus großer Höhe auf Panzerkaserne, Flugplatz, Sennfeld. In die 3,7 cm-Stellung, in der wir ausgebildet wurden, ist ein Volltreffer gegangen. Ein Geschütz wurde 20 m durch die Luft geschleudert. Tot: Unteroffizier Jakobs, 1 Obergefreiter, 5 LW-Helfer, 1 „Hiwi", so wurden die russischen Kriegsgefangenen genannt, die sich freiwillig zum Dienst bei der deutschen Flak gemeldet hatten.
15.4.	Stellungswechsel nach Oberndorf.
27./28.4.	Nachtangriff. 3,7-Flak schießt auf Tiefflieger.
29,4.	Stellungswechsel in Finnenzelte.
25.5.	Lehrgang in Werberg (Rhön).
23.6.	Oberfähnrich Becker wird Leutnant. Neuer Batterie-Chef: Hauptmann Funk.

Gruppenbild der Luftwaffenhelfer der zweitältesten 3 Klassen der Hofer Oberschule nach der Umschulung auf die 3,7 cm Flak nach dam 27. März 1944, westlich des Wasserturms in Schweinfurt. Im Hintergrund die Finnenzelt-Unterkünfte.

12.7.   Entlassung zum RAD (Reichsarbeitsdienst, der der Wehrpflicht unterlag).

Hierzu berichtet Johannes Hohenberger ergänzend: Während Erich Günther am 12. Juli 1944 zum RAD entlassen wurde, wurden einige jüngere Luftwaffenhelfer seines Jahresgangs anstelle der Einberufung zum RAD nach ihrer Entlassung am 9. September 1944 zum sog. Schanzeinsatz West nach Völklingen befohlen und mussten an der Saar gegenüber den Waffenwerken Röchling unter Tieffliegerbeschuss sog. Panzergräben ausheben, also zur Abwehr von Panzerfahrzeugen der Alliierten.

9 Das letzte Kriegsjahr

9.1 Schicksale gegen Ende des Krieges

Schweinfurt, Abschied der 27er im September 1944

Die Entlassungen aus dem Luftwaffenhelferdienst begannen bereits im Februar 1944 für die Schüler des Jahrgangs 1926, gefolgt vom Jahrgang 1927 im September 1944 und Jahrgang 1928 im März 1945. Die Jungen sollten zum Reicharbeitsdienst[XVI] eingezogen und anschließend bei der Wehrmacht eingesetzt werden. *„Als Luftwaffenhelfer hatten wir uns ausnahmslos freiwillig als Reserveoffiziersbewerber gemeldet, weil uns im Herbst 1944 als Wehrpflichtige nur die jeweils gleich beliebte Alternative ,Fallschirmjäger' oder ,Waffen-SS' offen gestanden hatte"*, so Bert Wagner.

Noch als sie im Flakdienst waren, hielten die Eltern der Jungen im Februar 1945 eine Versammlung ab, bei der beschlossen wurde, die Einberufungen unverzüglich an die zuständigen Wehrmeldeämter Hof und Marktredwitz zurück zu schicken - mit der Begründung, dass ihre Kinder noch im Kriegseinsatz stünden. Alle Oberschüler erhielten die Einberufung, die Eltern schickten sie wie ausgemacht an das Amt zurück. Die Briefe wurden nach der Entlassung nochmals an den Heimatort der Oberschüler zugeschickt. Die Folge war die sofortige Einziehung zum Reichsarbeitsdienst und anschließend zur Wehrmacht. Daraus resultierte nach der Kapitulation bei vielen wie Gottfried Hohenberger oder Siegbert Arnold eine mehrjäh-

---

rige Kriegsgefangenschaft, vom berüchtigten Lager Kreuznach bis in russische Gefangenenlager am Schwarzen Meer.

Reichsarbeitsdienst=Entlaffungsfchein

Der _____ *(Dienftrang)* _____ Greim Griedrich *(Vor- und Familienname)*

geboren am _1. 5. 1926_ *(Tag, Monat, Jahr)* in _Schwarzenbach_ Kr. Hof *(Ort, Bezirk, Kreis)*

war vom _9.3.44_ bis _23.5.44_ Angehöriger des Reichsarbeitsdienftes und am Entlaffungstag Angehöriger einer im Rahmen der Wehrmacht eingefetzten Einheit*).

Er wurde am _23. 5. 44._ *(Tag, Monat, Jahr)* nach _Schwarzenbach_ *(Wohnort, Straße, Haus-Nr., Kreis)*

endgültig — ~~zur Wiedereinftellung~~ entlaffen*).
(Siehe Anmerkung Rückfeite)

Er hat am Entlaffungstage erhalten*)

   a) den Wehrpaß _____
      ~~Befcheinigung über Dienftleiftung im Reichsarbeitsdienft~~

   b) Tafchengeld ausgezahlt bis einfchl. _____

   c) Wehrfold bis einfchl. _6.6.44_
      in Höhe von _RM_ _30'—_ monatlich,

   d) Verpflegungsgeld bis einfchl. _6.6.44_

   e) Naturalverpflegung bzw. Lebensmittel- (Urlauber-)
      Karten bis einfchl. _23.5.44._

   f) Einheitsfeife bis _31.6.44._ einfchl.

   g) Rafierfeife bis _31.5.44_ einfchl.

   h) Wafchmittel bis _____ einfchl.

   i) die bei der Einheit aufbewahrte Befcheinigung des
      Wirtfchaftsamtes über die Abgabe der Reichskleider-
      und Reichsfeifenkarte

   k) leihweife: Marfchanzug, beftehend aus _____

   l) Entlaffungsgeld im Betrage von _____ RM

Heinrichsgrün 22.5.44
(Ort, Tag, Monat, Jahr)

(Dienftftempel)

*) Nichtzutreffendes ift zu ftreichen.

(fonftige Entlaffungspapiere)

Anerkannt:

G. Greim
(Unterfchrift des Empfängers)

Reichsarbeitsdienft
Arbeitsdienftabteilung 2/370
(RAD-Dienftftelle)

(Unterfchrift, Dienftgrad, Dienftftellung)

Entlassungsschein aus dem Reichsarbeitsdienst von Gerhard Greim

Nur meine Mutter überlegte es sich anders

Am 15.März 1945 frühmorgens kam ich nach durchfahrener Nacht nach Hause, nachdem ich am Vortag in Schweinfurt meine Entlassungspapiere abgeholt hatte. In Weißenstadt ging ich vom Bahnhof auf einer von zwei Straßen, quasi im Karree, nach Hause. Im gleichen Moment strebte meine Mutter, in der Ahnung, ich käme mit dem Zuge an, dem Bahnhof entgegen, aber auf dem anderen Schenkel des Straßenkarrees.

Dort stieß sie auf die Briefträgerin, die sie sehr gut kannte. „Nun, Resl, ist was für uns dabei?" „Ja, ein Einschreibbrief für Bert" und wollte weiter gehen, geradewegs auf mich, den Heimkehrer, zu. Meine Mutter erspähte aber den Absender: „Wehrmeldeamt Marktredwitz". Blitzschnell schaltete sie: „Mein Sohn ist noch bei der Flak, bitte adressieren Sie den Brief um an seine Feldpostnummer L 33931, Luftgaupostamt Nürnberg". Völlig korrekt nahm die Briefträgerin den Brief zurück, änderte noch auf der Straße die Adresse und packte den Umschlag zurück in ihre Tasche. Der Brief ging nach Schweinfurt – Bad Kissingen, kam dort aber nie an. Er ist wohl einem Jagdbomberangriff zum Opfer gefallen.

Zu diesem Zeitpunkt befand ich mich noch 100 Meter entfernt, aber unsichtbar um die Ecke herum. Das Gefangenen-, gar Gefallenenschicksal blieb mir erspart. Ich war zu Hause, regulär entlassen, hatte kein Soldbuch, sondern einen Wehrpass. Was während der gefährlichen Übergangszeit zwar Probleme mit dem Kombattantenstatus der Luftwaffenhelfer herauf beschwören konnte. Das ersparte mir aber am 16. April 1945, der Eroberung meiner Heimat und die Einlieferung in ein Kriegsgefangenenlager - Mütter haben Instinkt.

Eine Geschichte von Bert Wagner

Den großen Dreifachangriff am 24. und 25. Februar 1944 auf Schweinfurt erlebte Heribert Eichhorn nicht mehr. Er gehörte zum 26er-Jahrgang, der einige Tage vorher entlassen wurde. Wie viele andere seines Jahrgangs wurde er unmittelbar zum Reichsarbeitsdienst einberufen. Per Güterzug kam er mit anderen Hofern nach Ohlau bei Breslau, wo es Handarbeit und Drill gab. Ende Mai 1944 wurde Eichhorn planmäßig entlassen und kam auf dem Güterzugweg wieder nach Hof zurück. *„Keiner war traurig. Wie einige andere wurde auch ich dazu angegangen, mich für eine Ausbildung als RAD-Führer zu verpflichten. Ich tat dies nicht und auch kein anderer."* Da Heribert Eichhorn nicht, wie die meisten anderen, seinen Einberufungsbefehl als Luftwaffenreserveoffiziersbewerber erhielt, ist er noch einmal zur Oberschule gegangen.

Zu dem Zeitpunkt seien aber nur noch 8 oder 9 Leute in der Klasse gewesen, darunter zwei Mädchen vom Gymnasium. Dort war er noch, bis die Ferien im August kamen. *„Meine Einberufung habe ich dann am 1. August 1944 bekommen und musste zum Truppenübungsplatz nach Rypin/Polen."* Dort feierte er seinen 18. Geburtstag. *„Ich bekam sogar eine Flasche Sekt vom Feldwebel."* Kurz darauf musste die Kompanie wegen einer bevorstehenden Offensive der Russen zum Alarmeinsatz an die Front bei  Königsberg in Ostpreußen. Da die Offensive aber doch an anderer Stelle stattfand, wurde die Kompanie per Eisenbahn zum Flugplatz Oschatz/Sachsen verlegt. Nachdem Eichhorn eine Eignungsprüfung und Flugtauglichkeitsuntersuchung bestanden hatte, kam die Ernennung zum Fahnenjunker. Mit den entsprechenden Uniformabzeichen wurde Eichhorn an die Kriegs- und FlugzeugführerSchule nach Tulln bei Wien verlegt. *„Dort gab es viele Schulungen, sehnsüchtig beobachtete ich die Flugmanöver der älteren Jahrgänge im täglichen Flugbetrieb, der immer mehr durch die aus Italien anfliegende US-Luftwaffe eingeschränkt wurde."*

Ein kleiner Gefallen mit großer „Tragweite"

Der an der Flugzeugführerschule Tulln bei Wien für unsere Inspektionen
eingeteilte Hauptman, der, wie viele der Dienstvorgesetzen, mit seiner Familie auf dem Fliegerhostgelände wohnte, bat mich eines Tages um einen
Gefallen. Der Hauptmann wollte, dass ich sein noch nicht schulpflichtiges
Kind bei Fliegeralarm mit einem Fahrrad mit Kindersitz aus dem gefähr-
deten Flugplatzgelände bringe. Ich müsse also bei Alarm aus dem Hörsaal
und statt in den Keller zu seiner Wohnung eilen. Seine Frau würde mich
auf dem Rad begleiten. Ich sagte zu und hatte etliche Male das Vergnügen
eines Ausflugs mit der Hauptmannsfrau und dem netten Kind und den
Neid in der Inspektion auf mich.

Anfang Februar kam derselbe Hauptmann mit einer weiteren Bitte. Er
unterbreitete mir den Vorschlag, ich könnte eine Kurierreise zur Luft-
kriegsschule Dresden mit zwei-tägigem Urlaub in Hof machen. Er bat
mich bei dieser Gelegenheit einen Koffer für seine Schwiegermutter in
Dresden mitzunehmen. Ich war einverstanden. Als ich mit dem D-Zug
dort ankam, war ich erschrocken, welche Unruhe in der noch völlig un-
zerstörten Stadt herrschte. Der Bahnhof war verstopft von Flüchtlingen,
die dort dorfgemeinschaftweise mit Kind und Kegel in der Bahnhofshalle
und den Bahnunterführungen lagerten. Aus Richtung Osten kamen nahezu ununterbrochen Pferdewagen mit Frauen, Kindern, alten Männern
und Hausrat. Viele liefen auch zu Fuß mit Rucksäcken oder Handgepäck
und verteilten sich in den Straßen und am Elbufer. Als ich die verschlosse-
ne Kuriermappe auftragsmäßig im Generalsvorzimmer ablieferte, äußerte
der Adjutant die Bitte des Generals, auf dem Rückweg ein Gepäckstück
für seine Frau nach Wien mitzunehmen. Ich stimmte zu. Als ich anschließend in der Stadt den Koffer des Hauptmanns abliefern wollte, verweiger-
te seine Schwiegermutter die Annahme. „Ich sähe doch was in der Stadt
los sei", sie bat mich, den Koffer wieder mitzunehmen. Dies musste ich jedoch wegen des noch zu übernehmenden Generalskoffers abschlagen. Als
der Fahrer des Generals am Bahnhofstreffpunkt einen Riesenschiffskoffer
aus dem Wagen hob, war ich geschockt. Ich musste diesen mit Schlaufen

auf dem Rücken tragen. In der Bahnhofshalle wurde ich in der Menge der Menschen von hinten gestoßen, gehalten und beschimpft. Die Militärpolizei wurde daraufhin auf mich aufmerksam und forderte, meine Reisepapier, den Kurierausweis und den Kofferanhänger des Generals zu überprüfen. Sie wollten mir einen Sitzplatz verschaffen, denn es wurden laufend Zugverspätungen von mehreren Stunden angekündigt, so auch für meinen Zug über Hof nach Wien. Es war inzwischen Nacht geworden an diesem 13. Februar 1945, immer mehr Menschen drängten herein und legten sich auf Decken auf den Boden, darunter auch leicht verwundete Soldaten mit teils blutigen Verbänden aus ankommenden Lazarettzügen von der nahen Ostfront. Als ein D-Zug über Prag nach Wien aufgerufen wurde sagte ich mir „Los, vergiss den Urlaub bei den Eltern". Dank der Hilfe eines Bahnbeamten gelang es mir, mit dem Koffer einen Stehplatz zu ergattern, den ich bis Prag auszuhalten hatte. Ich lieferte den Koffer in Wien ab, darin befand sich auch eine Paradeuniform! Angesichts des Dresdner Flüchtlingselends kam ich zum Nachdenken. Heute weiß man, dass sich zu der Zeit circa eine Million Flüchtlinge dort befunden haben sollen. Diese Gedanken verstärkten sich, als ich vom Hauptmann nach der Rückkehr in Tulln vom beispiellosen Luftangriff auf Dresden in der Nacht meiner Abreise vom 13. auf den 14. Februar erfuhr. Er suchte mich auf, da die Wohnung seiner Schwiegermutter samt seinem Koffer ausgebrannt war. Ihr war nichts passiert, aber er wollte wissen, warum ich den Koffer trotz ihrer Bitten nicht zurück bringen wollte. Der Bombenwurf mit 773 viermotorigen alliierten Bombern auf die Stadt hätte gegen 22.15 Uhr begonnen und der der 2. Welle drei Stunden später. Kein einziges Flakgeschütz hätte das Feuer eröffnet, da es keine gab. Später erfuhr man, dass um die hunderttausend Zivilisten umgekommen seien, allein 7000 - 10.000 im Bahnhof.

eine Geschichte von Heribert Eichhorn

10 Danach

10.1 Die Jahrzehnte danach

„Der verlorene Krieg hat alle Pläne zerstört, aber trotzdem sind wir alle unseren Weg gegangen." (Gottfried Hohenberger)

Die Schicksale der Hofer Oberschüler verlaufen nach Kriegsende sehr unterschiedlich, dennoch haben sie fast alle eines gemeinsam: *„Nicht durch die Schule, sondern durch das Leben haben wir gelernt. Obwohl unsere schulische Ausbildung in dieser Zeit sehr mangelhaft war, haben viele von uns Karriere gemacht."* erklärt Gottfried Hohenberger.

Walter Rausch beschreibt die Gefühle der ehemaligen Luftwaffenhelfer in der damaligen Übergangszeit: *„Wir waren ehemalige Krieger, gefühlsmäßig abgestumpft, aber gleichzeitig hoch motiviert, einen Ausweg aus der Trostlosigkeit zu suchen."*

10.1.1 Gottfried Hohenberger – später Heimkehrer

„Wir sind im September 1944 aus dem Luftwaffenhelferdienst entlassen worden. In den letzten Monaten waren wir noch an einen Fliegerhorst in Illesheim bei Kitzingen verlegt worden. Der Übergang zum Reichsarbeitsdienst und zur Wehrmacht war bei mir nahtlos."
Im April 1945 gerät Hohenberger in US-Gefangenschaft, die den jungen Mann drei Jahre seines Lebens kosten sollte. Hohenberger hat noch sehr detaillierte Erinnerungen an diese Zeit: *„Ich bin von den Amerikanern gefangen worden und über verschiedene Stationen in ein Gefangenenlager in Südfrankreich gekommen. Es war das berüchtigte Massenlager 404, in dem sich vielleicht 300.000 oder 400.000 Gefangene in Käfigen befanden. Wir waren zur Verschiffung in die USA vorgesehen, doch am Kriegsende ist der Transport gestoppt wor-*

*den. Dann waren wir ständig in dem Lager. Im August 1945 wurden
wir an die Franzosen übergeben, die allerdings auch keine Verwen-
dung für uns hatten."* Anschließend folgten noch viele verschiedene
Lager, in denen sich die Gefangen unter freiem Himmel aufhalten
mussten. Im Frühjahr 1946 wurde Hohenberger dann schließlich
in die Alpen gebracht. Dort sollten die Gefangenen den Bau einer
Talsperre fortführen. Diese war schon von einer deutschen Firma
als Reparationsleistung des ersten Weltkrieges begonnen worden.
Die Baufirma hatte dort zahlreiche Utensilien, wie etwa Bagger
und Schaufeln zurückgelassen, sodass die Gefangenen direkt mit
der Arbeit beginnen mussten.

*„Anfangs war der Revanche-Gedanke der Franzosen sehr hoch. Mit
der Zeit legte sich dieser und es war eher viel Mitleid vorhanden. Ein
Großteil der Franzosen fand es nicht richtig, dass sie uns noch festhiel-
ten. Offiziell gab es ja nur einen Waffenstillstand, also wurde bean-
sprucht, uns noch zu behalten."* schildert Hohenberger.

*„Ich konnte vorher kein Wort Französisch,
aber unter Anleitung von einigen anderen
Gefangenen, die die Sprache beherrschten,
habe ich sie dann nach und nach gelernt.
Dann stellte mich ein Baustellenleiter, der
nicht gerne schriftliche Arbeiten erledig-
te, als Sekretär an - ,mon secrétaire' hat
er immer gesagt. Ich hatte einen ziemlich
ruhigen, aber langweiligen Job. Ernäh-
rungsmäßig ist es mir nicht schlecht ergangen und im letzten Jahr bekam man
sogar an Sonntagen Urlaub auf Ehren-
wort - mit dem Versprechen nicht zu türmen. Es war natürlich Ehrensache, dass
man wiederkam."*

G. Hohenberger als Kriegsgefangener in
Frankreich

Als die Talsperre allerdings fertig gestellt war, waren auch hier die Gefangen überflüssig. Doch die Hoffnung auf eine Freilassung erstarb mit der Nachricht, dass man in ein Kohlebergwerk nach Nordfrankreich versetzt werde. Dort fehlte es jedoch an jeglichen Annehmlichkeiten. Die Arbeit unter Tage war hart, Unterkunft und Verpflegung mehr als schlecht. *„Da habe ich mit meinem Kameraden besprochen, dass wir versuchen zu türmen. Da wir beide Nichtraucher waren, haben wir durch den Verkauf unserer Zigaretten ein bisschen französische Währung besessen. Das war strengstens verboten und musste gut versteckt werden. Eines Tages, als wir in der Grube gezählt wurden, nutzten wir unsere Chance und schlichen uns weg. Vom nächsten Bahnhof, den wir fanden, haben wir uns bis nach Metz durchgeschlagen."*

Doch zwischen Metz und Zuhause lagen noch verschieden Grenzen. Zunächst war die zwischen Frankreich und dem Saargebiet zu überwinden, die allerdings nicht so sehr schlimm war. Von dort aus ging es in die französische Zone und anschließend in die amerikanische. *„Zu dieser Zeit war schon bekannt, dass die Amerikaner nicht mehr ausliefern. So waren wir praktisch in Sicherheit, als wir in Mannheim waren."* Die Flucht über viele Stationen fand im Mai 1948 ihr Ende. *„In Frankfurt musste ich nochmal übernachten. Ich wollte eigentlich zu Hause anrufen, aber das ging nicht. Also schickte ich ein Telegramm. Meine Eltern waren gerade verreist und meine jüngste Schwester, gerade 10 Jahre alt, nahm das Telegramm telefonisch entgegen. Als sie es der restlichen Familie erzählen wollte, glaubte ihr natürlich niemand, dass ich zurückkehren werde. Um sicher zu gehen, ließ man sich das Telegramm bei der Post noch einmal schriftlich zeigen."* erklärt Hohenberger mit einem Lächeln. *„Ich wurde dann von Verwandten in Empfang genommen und meine Eltern kamen auch am nächsten Tag zurück."*

Nach den Anstrengungen des Krieges und der Gefangenschaft war es für die Jungen wichtig, sich ihrer eigenen Zukunft zu widmen und die Geschehnisse hinter sich zu lassen. Da das Notabitur der Luftwaffenhelfer meist nicht anerkannt wurde, mussten die jungen

Männer ihre schulische Ausbildung anderweitig abschließen. *„Ich erkundigte mich über die Möglichkeiten, mein Abitur nachzuholen. Da erfuhr ich, dass in Bayreuth gerade ein Sonderkurs angeboten wurde. Da habe ich mich auch gleich angemeldet. In einem halben Jahr musste ich den Stoff von drei Jahren nachholen."* Anschließend absolvierte Hohenberger ein Praktikum in einer Weberei und stieg dann in die Textilfirma seines Großaters ein. Das Unternehmen leitet heute sein Sohn.

Bescheinigung an Stelle militärischer Entlassungspapiere BAY 073067
Certificate in Lieu of Discharge

Familienname / Surname: Hohenberger   Vornamen / Christian Names: Gottfried Ernst Georg

Geburtstag u. -ort / Date and place of birth: 13. November 1927 in Kirchenlamitz

Beruf / Civil occupation: Schüler   Familienstand / Marital status: ledig

jetzige Wohnung (genaue Anschrift) / Present address: Kirchenlamitz, Hoferstrasse 47

wurde entlassen am / was discharged on 27.4.1948 von der*) / from the*) Heer (nach eigenen Angaben)

Beglaubigt durch: / Certified by
Unterschrift und Dienstsiegel des Mil. Reg. Offiziers / Signature and Official Seal of Mil. Govt. Officer

JOHN W. VONIER, MGO Wunsiedel
Name, Rang und Stellung des beglaubigenden Offiziers. / Name, rank and organization of the certifying officer

(Abdruck des rechten Zeigefingers) / (Print of the right forefinger)

*) Hier ist anzuführen: Heer, Marine, Luftwaffe, Volkssturm, ähnliche Organisation wie RAD usw.
*) Insert Army, Navy, Air Force, Volkssturm, or para military Organisation, e. g. RAD, etc.

Entlassungspapiere von Gottfried Hohenberger, 1948

10.1.2 Heribert Eichhorn – vom Minenfeld zur Uni

Anfang 1945 - die Russen näherten sich Wien. Man hatte Heribert Eichhorn für diesen Fall geraten, sich von Tulln weg zu den Fallschirmjägern, welche auch zur Luftwaffe gehörten, versetzen zu lassen. *„Also fuhr ich im März 1945 von Gardelegen aus in einem Güterzug mit anderen ehemaligen Luftwaffensoldaten fort. Man wusste nicht, ob die Züge nach Süden, Westen oder Osten, also gegen die*

Russen fuhren. Als wir nachts im Güterzug merkten, es geht an die Westfront, herrschte Erleichterung. Wir vom österreichischen Flugplatz Tulln wurden einer Pionierkompanie der dritten Fallschirmjägerdivision zugeteilt, die einer kanadischen Fallschirmjägerdivision der britischen Rheinarmee gegenüber stand, die uns mit Feindberührung zum Rückzug nach Norden zwang." Heribert Eichhorn und seine Kompanie wurden beim Rückzug für einige Zeit im Städtchen Hofdorp in einer geräumten Schule untergebracht. „*Dort erfuhr ich auch vom Tod Hitlers. Nachts beim Wachdienst bekam ich mit, wie unser Hauptmann, der an der Uniform das goldene NS Parteiabzeichen trug, also Altparteigenosse war, sich beim Bataillonsstab abmeldete, weil er sich nicht mehr an seinen Soldateneid gebunden fühlte. Er wollte sich mit einem PKW und Fahrer nach Deutschland durchschlagen. Ich sah beide abfahren und war empört. Einige Tage später war er zurück, denn die britische*

20. Februar 1944: Die erste Einberufungswelle wird entlassen. Rechts Heribert Eichhorn

Armee hatte Hamburg erreicht und das restliche von Deutschen besetzte Holland war eingekesselt. Einige Soldaten verschwanden. Ich habe heute noch den Brief einer jungen Holländerin, die bei der deutschen Wehrmacht beschäftigt war. Sie bat darin ihre Mutter, die in Nordholland nahe der Grenze wohnte, mir Zivilkleidung zu verschaffen und mir behilflich zu sein." Eine Zehenentzündung bewahrte Eichhorn vor einer Entscheidung.

Am 8. Mai 1945 wurde offiziell das Kriegsende bekannt gegeben, die Bevölkerung jubelte. Heribert Eichhorn erinnert sich noch genau an diese letzten Tage: „*Erst nach einigen Tagen kümmerten sich einige kanadische Soldaten lässig um uns. Wir brauchten ja Verpflegung, erst später wurde entschieden, wie es mit uns weiterging. Unser Einsatz*

als Pioniere war: Panzersperren zu entfernen, Militärgerät und gesta-
pelte Artilleriegeschosse im Kampfgebiet zu entsorgen und Minenräu-
mungsarbeiten. Um unsere Bewaffnung kümmerte sich kurioserweise
bis Pfingsten 1945, also wochenlang, keiner." Dann kam die Truppe nach Zandvoort, in der Nähe der niederländischen Küste. *„Uns*
wurde eröffnet, unser Bataillon sei ab sofort die „Brigade Draeger"
und habe die Aufgabe, Holland von allen Landminen und Artillerieg-
ranatenvorräten zu säubern. Also alles entlang des „Küstenwalls" mit
seinen Bunkern von Nordholland bis zur belgischen Grenze. Sobald wir
fertig seien, würden wir entlassen." In LKWs wurden sie zu den Mi-
nenfeldern transportiert, die Bewacher blieben am Rand zurück,
bis sie zum protokollieren der geräumten Minen geholt wurden. Im
Herbst 1945 kam eine Verlegung nach Breda. In der Nähe gab es
eine Reihe von abgesperrten ehemaligen stark zerstörten Kampfge-
bieten mit ausgebrannten Panzern, Soldatengräbern und nicht ver-
wendeter Munition. Diese und die geräumten Minen wurden immer
zusammengetragen und von Fallschirmjägerspezialisten gesprengt.
Heribert Eichhorn verbindet aber nicht nur negative Erinnerungen
mit dem Minenräumen. *„Das machte etwas Spaß, denn es erinnerte*
an Silvester. Als Bewacher hatten wir nacheinander Pionierkompani-
en verschiedenster Nationalitäten. Nach den Kanadiern, Engländern,
sodann Juden aus aller Welt der freiwilligen Brigade „Jewish Briga-
de" (die einen guten soldatischen Eindruck machten und unter engli-
schem Oberbefehl standen) und zuletzt ehemalige Widerstandskämpfer
in holländischen Uniformen. Doch das Verhältnis zu den Engländern
war am besten. Es gab jede Woche ein Fußballspiel gegen sie. Den 19.
Geburtstag verbrachte ich dort. Über die Bewacher besorgte man mir als
Geschenk englische Zeitungen, da ich in der Freizeit Englisch paukte
und Übersetzungsdienste leistete."

Nach einer Liste der Stabskompanie wurden 253.030 Minen, Granaten, Fliegerbomben und sonstige Geschosse geräumt. 27 Kameraden ließen dabei ihr Leben, 65 wurden verwundet; davon hatte
allein die 3.Kompanie, in welcher die meisten Jugendlichen unter

18 Jahren waren, sieben Tote und zehn Verletzte. Eine der Verwundungen in einem Holzminenfeld erlebte Heribert Eichhorn aus nächster Nähe: *„Diese Minen waren teuflisch. Sie hatten keine Metallteile und einen Zünder aus Bakelit, so dass Minensuchgeräte nicht anschlugen. Mit einem leichten Metallstab musste eine solche Mine vorsichtig ertastet werden. Alle deutschen Minen waren nach einem geheim gehaltenen Schema verlegt. Der Frontsucher mit dem Metallstab wurde von einem zweiten dirigiert. Der Dritte und die Nachfolgenden sammelten die entschärften Minenteile ein. Ein Abiturient, der später Mathe und Physik studieren wollte, löste mich als ersten Minensucher ab. Dieser Wechsel der Positionen war üblich. Plötzlich eine Explosion und der Schrei des Kameraden: ‚ich sehe nichts mehr‘ - er hatte eine Augen- und Gesichtsverletzung. Wir führten ihn zu zweit aus dem Minenfeld und versuchten ihn bis zu seiner Abholung durch Sanitäter zu beruhigen, er weinte. Wir hörten nach seinem Abtransport ins Lazarett nichts mehr von ihm. Es gab nach Minenunfällen so eine Art Nachrichtensperre.“* Anfang März kam überraschend schnell die Heimkehr mit dem Güterzug nach Hannover und die dortige Entlassung aus der englischen Kriegsgefangenschaft.

Nach seiner Heimkehr im Jahr 1946 stand Eichhorn vor der Frage, wie sein Leben weitergehen sollte. Denn auch während der Gefangenschaft erhielten die Jungen keinerlei Schulausbildung. Doch Eichhorn hatte Glück: *„Mein zwei Jahre älterer Bruder kehrte eher als ich zurück, da er als Leutnant verwundet wurde. Er fand heraus, dass ich Chancen hätte, mit meinem Entlassungsschein noch in das bald beginnende Semester an einer Uni einzusteigen.“* Man musste sich innerhalb von drei Wochen nach der Entlassung beim Münchner Kultusministerium melden und bekam die Studienzulassung mit der Bedingung, einige Abiturfächer nebenher nachzuholen.

Doch zu Beginn seines Jurastudiums in München stand Heribert Eichhorn vor weiteren Problemen. Denn die Zulassung war auch daran geknüpft, dass man innerhalb von sechs Monaten ein Zimmer in der Umgebung nachweisen musste. *„München war 1946 massiv kaputt, überall Ruinen und Trümmer - und ich kannte keinen Menschen dort. Irgendwann meldete sich ein mir völlig unbekanntes Ehepaar, das in einem Gottesdienst der Zeugen Jehovas von meiner Zimmersuche erfahren hatte. Sie konnten mir eines anbieten.“* Das war ein Glücksfall für Eichhorn. *„Es war ein kleines Zimmer und ich musste immer durch die Küche gehen - aber es war ein Tisch drin. Das Zimmer habe ich sofort angenommen und bin auch während meines gesamten Studiums dort wohnen geblieben. Die einzige Bedingung war, dass ich abends ab 10 Uhr die Tür auf lasse, damit ihr schöner Kater am Fußende meines Bettes schlafen konnte, weil er das so gewohnt war.“*

Die Eingewöhnung in den neuen Lebensabschnitt fiel Eichhorn nicht so leicht. *„Ich hatte immer das Gefühl, dass ich an der Universität ein Minus hätte. Da sitzt du auf einmal zwischen ehemaligen Offizieren bis zum Major, die durch ihre Militärzeit eine große Selbstsicherheit in ihrem Auftreten hatten. Und ich war das Denken und Lernen gar nicht mehr gewohnt. Deshalb dachte ich, ich muss doppelt so viel lernen wie die.“* Doch mit der Zeit zeigten seine Erfolge, dass Eichhorn den anderen in nichts nachstand. 1948 beendete er erfolgreich sein Jurastudium. Lange Zeit spielten die Luftwaffenhelfer keine Rolle mehr in seinem Leben. *„Man hat ja auch nicht mehr viel dran gedacht und sich ein neues Leben aufgebaut. Meine Kinder haben auch nie danach gefragt: heute interessieren sich sichtlich Jüngere mehr für derartiges.“.* Erst als Eichhorn in Gerolzhofen Notar wird, bringt die unmittelbare Nähe zu Schweinfurt die alten Erinnerungen zurück. So schließt er sich der SSMA – Second Schweinfurt Memorial Association an.

10.1.3 Gerhard Greim – schneller Heimkehrer

Nach seiner Entlassung als Luftwaffenhelfer wurde Gerhard Greim direkt zum Reichsarbeitsdienst nach Haid bei Tachau und dann nach Heinrichsgrün im heutigen Tschechien verlegt. *„Zur Wehr-*

S E C R E T
G E H E I M

CONTROL FORM D. 2.
KONTROLLFORMULAR D. 2.

CERTIFICATE OF DISCHARGE
ENTLASSUNGSSCHEIN

ALL ENTRIES WILL BE MADE IN
BLOCK LATIN CAPITALS AND WILL
BE MADE IN INK OR TYPESCRIPT.
EINTRAGUNGEN SIND IN LATEINI-
SCHEN BLOCKBUCHSTABEN MIT
TINTE ODER SCHREIBMASCHINE ZU
MACHEN

PERSONAL PARTICULARS
PERSONALANGABEN

SURNAME OF HOLDER
ZUNAME DES ENTLASSENEN   *GREIM*

CHRISTIAN NAME
VORNAME   *GERHARD*

CIVIL OCCUPATION
ZIVILBERUF   *OBERSCHUELER*

HOME ADDRESS
ZIVILADRESSE   *SCHWARZENBACH/SAALE*
ADOLF-HITLER-STR. 22

DATE OF BIRTH
GEBURTSDATUM   *1. 5. 1926*
DAY, MONTH, YEAR
TAG, MONAT, JAHR

PLACE OF BIRTH
GEBURTSORT   *SCHWARZENBACH/SAALE*

FAMILY STATUS - SINGLE Ø - LEDIG Ø
FAMILIENSTAND - MARRIED - VERHEIRATED
WIDOW(ER) - VERWITWET
DIVORCED - GESCHIEDEN

NUMBER OF CHILDREN WHO ARE MINORS
ANZAHL DER MINDERJAEHRIGEN KINDER   —

I HEREBY CERTIFY THAT TO THE BEST OF MY
KNOWLEDGE AND BELIEF THE PARTICULARS GIVEN
ABOVE ARE TRUE. I ALSO CERTIFY THAT I HAVE
READ AND UNDERSTOOD THE "INSTRUCTIONS TO
PERSONNEL ON DISCHARGE (CONTROL FORM D.1.)

ICH BESTAETIGE HIERMIT DASS DIE OBIGEN
ANGABEN NACH MEINEM BESTEN WISSEN UND
GEWISSEN AUF WAHRHEIT BERUHEN. ICH
BESTAETIGE FERNER DASS ICH DIE "IN-
STRUKTIONEN AN ENTLASSENE" (KONTROLL-
FORMULAR D. 1) GELESEN UND VERSTANDEN HABE.

SIGNATURE OF HOLDER
UNTERSCHRIFT DES ENTLASSENEN   *Gerhard Greim*

NAME OF HOLDER IN BLOCK LATIN CAPITALS
NAME DES ENTLASSENEN IN LATEINISCHEN BLOCKBUCHSTABEN   *GERHARD GREIM*

II
MEDICAL CERTIFICATE
AERZTLICHE BESTAETIGUNG

DISTINGUISHING MARKS
BESONDERE KENNZEICHEN   *TWO SCARS LEFT LEG*

DISABILITY, WITH DESCRIPTION
KOERPERLICHE BEHINDERUNGEN (MIT BESCHREIBUNG)   *NONE*

MEDICAL CATEGORY
MEDIZINISCHE KATEGORIE   *FIT*

I CERTIFY THAT TO THE BEST OF MY KNOWLEDGE
AND BELIEF THE ABOVE PARTICULARS RELATING
TO THE HOLDER ARE TRUE AND THAT HE IS NOT
VERMINOUS OR SUFFERING FROM ANY INFECTIOUS
OR CONTAGIOUS DISEASE.

ICH BESTAETIGE DASS OBIGE ANGABEN UEBER
DEN ENTLASSENEN NACH MEINEM BESTEN WISSEN
UND GEWISSEN AUF WAHRHEIT BERUHEN, UND
DASS ER NICHT UNTER UNGEZIEFER ODER
ANSTECKENDEN KRANKHEITEN LEIDET.

SIGNATURE OF MEDICAL OFFICER
UNTERSCHRIFT DES ARZTES

NAME AND RANK OF MEDICAL OFFICER IN BLOCK LATIN CAPITALS
NAME UND DIENSTGRAD DES ARZTES IN LATEINISCHEN BLOCKBUCHSTABEN

III
THE PERSON TO WHOM THE ABOVE PARTICULARS REFER WAS DISCHARGED ON   *17 MAY 1946*
(DATE OF DISCHARGE)

DIE PERSON AUF DIE SICH OBIGE ANGABEN BEZIEHEN WURDE AM ____________ ENTLASSEN.
(ENTLASSUNGSDATUM)

FROM THE X
VON X   *ARMY*

RIGHT THUMBPRINT
RECHTER DAUMENABDRUCK

OFFICIAL
IMPRESSED SEAL
SIEGEL

Ø DELETE THAT WHICH IS INAPPLICABLE
Ø NICHTZUTREFFENDES DURCHZUSTREICHEN
X INSERT "ARMY" "NAVY" "AIR FORCE"
"VOLKSSTURM", OR PARA MILITARY ORGANI-
ZATION, e.g. "RAD", "SPK", etc.
X ZU BEANTWORTEN MIT "HEER" "KRIEGS-
MARINE" "LUFTWAFFE" VOLKSSTURM", ODER
HALB-MILITAERISCHEN FORMATIONEN
WIE "RAD", "SPK", U.S.W.

NAME, RANK AND APPOINTMENT OF   *E.B. PETERS*
ALLIED DISCHARGING OFFICER
NAME, DIENSTGRAD, UND AMT DES   *Earl B. Peters*
ALLIIERTEN ENTLASSUNGSOFFIZIERS   *2ND LT.*

HCTG AC6.

IN BLOCK LATIN CAPITALS
IN LATEINISCHEN BLOCKBUCHSTABEN

S E C R E T
G E H E I M

Entlassungsschein von Gerhard Greim, 1945

macht wurde ich anschließend am 14. Juni 1944 eingezogen.“ erklärt
Gerhard Greim seinen Werdegang bis hin zum Ende des Krieges.
*„Weil ich einmal Chemiker werden wollte, meldete ich mich zur Ne-
beltruppe, bei der ich auch in Celle eingestellt wurde.“* Später lernte
Greim bei der bespannten Artillerie in Verden an der Aller mit Pfer-
den umzugehen.

Seinen weiteren Weg bis zur Heimkehr beschreibt Gerhard Greim
wie folgt: *„Nach manchen Kriegswirren, die ich heil überstanden habe,
geriet ich als Unteroffizier bei Pilsen in US-amerikanische Gefangenschaft. Mein Glück oder Schicksal blieb mir gewogen. Bereits am 21.
Mai 1945 saß ich auf dem zweiten Lastwagen, der das Gefangenenlager verließ und uns nach Bayreuth brachte.“* Dort musste Greim
noch eine Nacht im Hallenbad übernachten und lief schließlich mit
anderen entlassenen Soldaten auf der Autobahn in Richtung Hof.
*„Nach zwei Tagen konnte ich am Pfingstsamstag 1945 meine Mutter
und meine Schwester in Schwarzenbach überraschen.“* Greims Vater
befand sich zu der Zeit noch in Gefangenschaft.

Die Zeit bis zum möglichen Beginn eines Studiums füllte der damals
19-Jährige mit vorübergehender Arbeit bei einem Bauern. Durch
seine Kenntnisse im Umgang mit Pferden durfte er sogar pflügen.
Im folgenden Winter fällte er Holz im Akkord, wofür Greim sogar
Schwerarbeiter-Lebensmittelmarken bekam.

Im Jahr 1946 zog er schließlich nach München, um sein Studium der
Rechtswissenschaften aufzunehmen. *„In der Universität begegnete
ich schon an den ersten Tagen meinem ehemaligen Klassenkameraden
und unserem Richtschützen an der 2 cm Flak – Heribert Eichhorn.“*
Sein Studium meisterte Gerhard Greim und er kann auf eine erfolg-
reiche juristische Laufbahn zurückblicken. Auch die Freundschaft
zwischen ihm und Heribert Eichhorn blieb bis heute bestehen.

10.1.4 Kein Frankenwein, kein Bert Wagner

„Als ich 1949 die Zulassung zum klinischen zahnmedizinischen Studium zeitgleich für Erlangen und Würzburg erhielt, entschied ich mich für Erlangen. Würzburg war tabu. Das hatte einen ganz nebensächlichen Grund:
Wir hatten im Januar 1945 für etwa einen Monat eine Vierlingsflakstellung auf den Höhen von Heidingsfeld oberhalb Würzburgs. Begeistert waren die Würzburger nicht, bekam doch die ansonsten betont friedliche Lazarettstadt so ein kleines kriegerisches Flair.
Ab und zu hatten wir Ausgang, an dem wir die damals völlig unversehrte herrliche Innenstadt besuchten. Zum Abendessen ging „man" als Uniformierter in den Ratskeller. Für die Mahlzeit musste man, wenn es nicht das markenfreie Einfach-Stammgericht sein sollte, Lebensmittelmarken hinlegen. Nach dem Abendessen erhielten Soldaten in dem Gasthaus einen Schoppen Frankenweines. So etwas spricht sich beim Militär herum - auch bei uns Luftwaffenhelfern. Indes: Das Abendessen war vorüber, und wir erbaten unseren „Soldatenwein". „Was, ihr wollt Wein?" „Natürlich, wir machen doch in Würzburg Dienst!" „Ja schon, Dienst macht ihr schon, aber ihr seid doch keine Soldaten. Ihr seid doch nur Hitlerjungen, Kinder also. Ihr kriegt keinen Wein!" Betroffen und wütend verließen wir den Ratskeller, um nie mehr dorthin zurück zu kehren. Diese Wut erhielt sich lange Jahre, bis 1949, als ich der Universität Würzburg eine herbe Absage erteilte, obwohl es sich dort trotz der 98-prozentigen Zerstörung in der Bombennacht vom 16. März 1945 gut studieren ließ."

10.1.5 Walter Rausch: Hof, das liegt doch in Sachsen

Alle Bemühungen, irgendwo einen Studienplatz zu ergattern, waren trotz Bewerbung an allen deutschen Hochschulen und Ingenieurschulen[XVII] vergebens gewesen. Überall waren nur wenige, von Bomben verschont gebliebene Institute und Hörsäle noch intakt.

XVII   entspricht der heutigen Fachhochschule

In der trügerischen Hoffnung, dass ein persönlicher Besuch als bayerischer Bürger in München etwas erreichen könne, versuchte ich mein Glück an der dortigen TH. Es gelang mir aber nicht weiter, als bis zum Pedell vorzudringen. Es entspann sich folgendes Gespräch:

Er: Was wolln's?
Ich: Ich hab mich um einen Studienplatz beworben und möchte mich nach dem Stand der Dinge erkundigen.
Er: Wo sind'n her?
Ich: Aus Hof.
Er: Hof? Das liegt doch in Sachsen – und Ausländer kenna mer net gebrauch'n.

Ende.

Von der Erfolglosigkeit der Studienplatzsuche deprimiert traf ich einen Freund, der mir riet, mich direkt an den Leiter der Aufnahmekommission an der TH Karlsruhe zu wenden. Im Bewusstsein, dass es möglicherweise umsonst sei, doch aber auch nicht schaden könne, folgte ich diesem Hinweis. Nach wenigen Tagen fand ich im Briefkasten eine Postkarte folgenden Inhalts:

Sehr geehrter Herr Rausch,

Ich habe Ihre Bewerbung gelesen und Sie für das kommende Sommersemester SS47 vorgemerkt. Ich rate Ihnen, bis dahin ein Praktikum zu absolvieren.

Mit freundlichem Gruß, Professor Krämer.

Das war das Versprechen der ersehnten Immatrikulation. Das Studium in Karlsruhe bedeutete für mich, wie die Zukunft zeigte, einen außerordentlichen Glücksfall, der hier seinen Ursprung hatte.

Walter Rausch fasst die Werdegänge der ehemaligen Luftwaffenhelfer noch einmal zusammen:

Vom Luftwaffenhelfereinsatz in Schweinfurt aus wurden wir ohne Zwischenpause zum Reichsarbeitsdienst und anschließend zu den einzelnen Truppenteilen verpflichtet und landeten schließlich nach mehr oder minder langer Kriegsgefangenschaft im Alter von 19 Jahren wieder zu Hause - ohne Ausbildung und fast aussichtloser Zukunftsperspektive. Fast die Hälfte unserer Klasse musste den Heldentod[XVIII] hinnehmen.

Trotz dieser schlechten Startbedingungen haben wir Überlebenden samt und sonders ein normales Leben aufgebaut. Vor einer Bilanz brauchen wir uns nicht zu scheuen. Von unserem knapp 40 Schüler umfassenden Jahrgang sind etwa 16 gefallen oder wurden als vermisst gemeldet, aus dem Rest wurden unter anderem 3 Hochschulprofessoren, 4 Gymnasial- und Berufsschullehrer, 4 Juristen (Anwalt, Richter, Staatsanwalt, Notar), 3 Unternehmer und je 1 Arzt, Apotheker, Bahnhofsvorstand einer Deutschen Großstadt und Ingenieur und Geschäftsführer eines weltweit operierenden Umweltschutzunternehmens. Natürlich sind wir uns alle der Defizite, resultierend aus der nur fünfeinhalb Jahre währenden Oberschulzeit bewusst, doch konnte jeder, so er es nur wollte, einiges nachholen. Man kann alles bewältigen, wenn man die Mühen auf sich nimmt.

10.2 Versöhnung

Das Luftkriegsdenkmal in Schweinfurt – ein gelebtes Zeichen der Völkerverständigung

Im Jahr 1975, 30 Jahre nach dem Kriegsgeschehnissen, die das Leben so vieler Menschen verändert hatten, gründete sich die SSMA - Second Schweinfurt Memorial Association. Es ist ein Zusammen-

---

XVIII   so nannte man zur NS-Zeit den Tod an der Front

schluss von circa 100 amerikanischen Piloten und Soldaten, die die
Luftangriffe auf Schweinfurt am 14. Oktober 1943 geflogen hatten.
Zum Gedenken an die Gefallenen dieser Angriffe und des zweiten
Weltkrieges treffen sich ihre Mitglieder seitdem alljährlich am 14.
Oktober in verschiedenen Städten der USA.

Luftkriegsdenkmal in Schweinfurt

Zwischen den einstigen Kriegsgegnern wurden neue Bande geknüpft. 1993 und 1996 waren auch die deutschen Luftwaffenhelfer Helmut Katzenberger und Georg Schäfer zu den Jahrestreffen anwesend. Vorsichtig wurde die Idee eines gemeinsamen Mahnmals aufgegriffen. Es sollte kein weiteres Denkmal mit Namen und Zahlen geschaffen werden, sondern ein Symbol für die Versöhnung der ehemaligen Feinde, die heute in Freundschaft verbunden sind.

Für die Gestaltung des Mahnmals wurde der Maler und Bildhauer
G. Hubert Neidhart, selbst ehemaliger Luftwaffenhelfer, gewonnen. Im Sommer 1998 – 55 Jahre nach den schweren Luftangriffen
auf Schweinfurt - wurde das Denkmal vor dem ehemaligen Spital-
see-Luftschutzbunker in Schweinfurt feierlich seiner Bestimmung
übergeben.

Zur Interpretation des Memorials schreibt der Künstler
G. Hubert Neidhart selbst:

„Eine rostfarbene, rechtwinklige, schwere Stahlplatte ist aus dem Lot geraten. Schräg geneigt rammt sie sich in den Erdgrund, spaltet einen Findlingsblock. Unter dem ungeheuren Druck der von oben auf sie hereinbrechenden Gewalt und Wucht wird sie aufgeschlitzt, verbogen und aufgerissen. Eine tiefe, klaffende Wunde wurde ihr zugefügt. Der entstandene tiefe Riss bleibt offen, sichtbar für alle Zeiten, zeigt verletzt sein – eine nicht verheilte Wunde.

Symbol zunächst, die Stahlplatte als von Menschenhand geformte Materie, Zeichen von Bauen und Gestalten – der rechte Winkel: Ausdruck des menschlichen Geistes. Die Platte, berechnend konstruktiv geformt, ist stabil, im wahrsten Sinne des Wortes stahlhart. Sie steht im Gegensatz zur Natur, dargestellt durch einen massiven, unregelmäßigen Findlingsstein. Aber auch der ist gespalten, aufgerissen durch die übermächtige Gewalt, welche die Platte im Erdreich versinken lässt.

Die Schriftanordnung, die im Gegensatz zur umstürzenden Platte waagerecht in einem wiederum rechtwinkligen Block gestaltet ist, verdeutlicht das Umfallen, das „Aus-dem-Lot-geraten-sein". Dadurch entsteht Spannung zwischen Statik und Dynamik. Gewalt eben reißt alles aus der Ordnung, bringt Menschlichkeit, Humanität aus der Fassung, aus dem Gleichgewicht.

Im Kontrast zur Bildgestaltung jedoch die Inschrift. Ein Aufruf zur Erinnerung, zum Gedenken, zur Mahnung, mit dem Wunsch zur Menschlichkeit."

Der Würzburger Diözesanbischof Paul Werner Scheele sagte zur Übergabe des Mahnmals: *„Wir müssen das Gedächtnis an das wach halten, was einmal bei uns möglich war und alles tun, damit Versöhnungsbereitschaft und Friedenswille gestärkt werden."*

Bis heute ist es das erste und einzige Mahnmal in Deutschland, das von ehemaligen Kriegsgegnern erdacht, finanziert und errichtet wurde. Die Inschriften in Deutsch und Englisch vereinen die damaligen Feinde in der Hoffnung, dass solche Kriege nie wieder geschehen. *„Dedicated by some who witnessed the tragedy of war, now united in friendship and the hope for lasting peace among all people – Ehemals Feinde im Krieg, heute als Freunde verbunden in dem Wunsch auf Frieden unter den Völkern".*

Gedenkfeier in Scheinfurt

Heribert Eichhorn ergänzt: *„Die SSMA ist ein Verein, der das Andenken an die Toten und die verwundeten Kameraden des Tagesangriffs am 14. Oktober 1943 aufrecht erhalten will und Nachdenken einfordert über Sinn und Zweck und gute Planung von kriegerischen Auseinandersetzungen und von Luftkriegsoperationen seitens der zuständigen Stellen."*

Neben den jährlichen Treffen in den USA fanden die sogenannten „Reunions" 2001, 2004 und 2009 in Schweinfurt statt. Die Pflege des Memorials und der Umgebung wird regelmäßig durch die Schüler der früheren Oberschule Schweinfurt[XIX], das die größte Gruppe der LWH gestellt hatte, übernommen. Über die langjährige Förderung der Anlage um das Denkmal durch die Stadt Schweinfurt und das Gymnasium zeigten sich die SSMA-Mitglieder hoch erfreut.

Die SSMA umfasst neben den aktiven Mitgliedern, ausschließlich Flieger des Luftangriffs am 14. Oktober 1943, zahlreiche Ehrenmitglieder, wie die Luftwaffenhelfer, aber auch unzählige Witwen und deren Kinder. Die Vereinsabzeichen sind zum einen ein grabsteinähnliches schwarzes Abzeichen mit weißem Rahmen und der Inschrift „Black Thursday – Oct. 14. 1943", sowie ein weiteres Abzeichen mit zwei gekreuzten Fahnen – der US-Flagge und der Deutschen, mit der Inschrift „First Enemies now friends".

James A. Mullinax, einer der US-amerikanischen Flieger schrieb in seinem Buch „Foes by Fate – Friends by Choice": „*Niemals hätte ich geglaubt, dass ich denen, deren Granaten mich trafen, zur Versöhnung würde die Hand reichen und mit ihnen würde Freundschaft schließen können.*"

XIX   heutiges Alexander-von-Humboldt-Gymnasium

10. Quellen

1   LeMO: Lebendiges virtuelles Museum Online. „1933 Chronik“.
URL: http://www.dhm.de/lemo/html/1933/index.html [12.12.2009]

LeMO: Lebendiges virtuelles Museum Online. „Adolf Hitler“.
URL: http://www.dhm.de/lemo/html/biografien/HitlerAdolf/index.html
[29.11.2009]

LeMO: Lebendiges virtuelles Museum Online. „Etablierung der NS-Herrschaft“.
URL: http://www.dhm.de/lemo/html/nazi/innenpolitik/etablierung/index.html
[29.11.2009]

LeMO: Lebendiges virtuelles Museum Online. „Das NS-Regime“.
URL: http://www.dhm.de/lemo/html/nazi/index.html [29.11.2009]

LeMO: Lebendiges virtuelles Museum Online. „Das Ermächtigungsgesetz 1933“.
URL: http://www.dhm.de/lemo/html/nazi/innenpolitik/ermaechtigungsgesetz/
index.html [29.11.2009]

2   LeMO: Lebendiges virtuelles Museum Online. „Gleichschaltung der Länder“.
URL: http://www.dhm.de/lemo/html/nazi/innenpolitik/laendergleichschaltung/
index.html [29.11.2009]

3   LeMO: Lebendiges virtuelles Museum Online: „Die Hitler-Jugend (HJ)“.
URL: http://www.dhm.de/lemo/html/nazi/organisationen/jugend/index.html
[14.12.2009]

4   LeMO: Lebendiges virtuelles Museum Online: „1934 Chronik“.
URL: http://www.dhm.de/lemo/html/1934/index.html [29.11.2009]

5   LeMO: Lebendiges virtuelles Museum Online: „1935 Chronik“.
URL: http://www.dhm.de/lemo/html/1935/index.html [29.11.2009]

6   LeMO: Lebendiges virtuelles Museum Online: „Der Versailler Vertrag“.
URL: http://www.dhm.de/lemo/html/weimar/versailles/index.html [29.11.2009]

7   LeMO: Lebendiges virtuelles Museum Online: „Der Völkerbund“.
URL: http://www.dhm.de/lemo/html/weimar/aussenpolitik/voelkerbund/
index.html [29.11.2009]

8   LeMO: Lebendiges virtuelles Museum Online: „Der Einmarsch in das
entmilitarisierte Rheinland“. URL: http://www.dhm.de/lemo/html/nazi/
aussenpolitik/rheinland/index.html [29.11.2009]

9   LeMO: Lebendiges virtuelles Museum Online: „Der „Anschluß“ Österreichs“.
URL: http://www.dhm.de/lemo/html/nazi/aussenpolitik/anschluss/index.html
[29.11.2009]

10   LeMO: Lebendiges virtuelles Museum Online: „Die „Zerschlagung der
Rest-Tschechei““. URL: http://www.dhm.de/lemo/html/nazi/aussenpolitik/

tschechei/index.html [29.11.2009]

11   Piekalkiewicz, Janusz: „Der Zweite Weltkrieg". Neuauflage. Köln:
      KOMET Verlag. 2008. Seite 77

12   Piekalkiewicz, Janusz: „Der Zweite Weltkrieg". Neuauflage. Köln:
      KOMET Verlag. 2008. Seite 116

13   LeMO: Lebendiges virtuelles Museum Online: „Überfall auf Polen („Fall
      Weiß")". URL: http://www.dhm.de/lemo/html/wk2/kriegsverlauf/polen/
      index.html [29.11.2009]

      LeMO: Lebendiges virtuelles Museum Online: „1939 Chronik".
      URL: http://www.dhm.de/lemo/html/1939/index.html [29.11.2009]

14   LeMO: Lebendiges virtuelles Museum Online: „„Sitzkrieg" an der deutsch-
      französischen Grenze". URL: http://www.dhm.de/lemo/html/wk2/kriegsverlauf/
      sitzkrieg/index.html [29.11.2009]

15   LeMO: Lebendiges virtuelles Museum Online: „Besetzung von Norwegen
      („Weserübung-Nord")". URL: http://www.dhm.de/lemo/html/wk2/kriegsverlauf/
      norwegen/index.html [29.11.2009]

      LeMO: Lebendiges virtuelles Museum Online: „Besetzung von Dänemark
      („Weserübung-Süd")". URL: http://www.dhm.de/lemo/html/wk2/kriegsverlauf/
      daenemark/index.html [29.11.2009]

16   Gilbert, Adrian: Blitzkriege 1939-1943. Von der Invasion in Polen bis El
      Alamein. Wien: Tosa Verlag, 2001, Seite 86

      LeMO: Lebendiges virtuelles Museum Online: „Westoffensive („Fall Gelb")".
      URL: http://www.dhm.de/lemo/html/wk2/kriegsverlauf/westoffensive/index.html
      [29.11.2009]

17   Gilbert, Adrian: Blitzkriege 1939-1943. Von der Invasion in Polen bis El
      Alamein. Wien: Tosa Verlag, 2001, Seite 146

      LeMO: Lebendiges virtuelles Museum Online: „Westoffensive („Fall Gelb")".
      URL: http://www.dhm.de/lemo/html/wk2/kriegsverlauf/westoffensive/index.html
      [29.11.2009]

18   LeMO: Lebendiges virtuelles Museum Online: „Westoffensive („Fall Gelb")".
      URL: http://www.dhm.de/lemo/html/wk2/kriegsverlauf/westoffensive/index.html
      [29.11.2009]

      LeMO: Lebendiges virtuelles Museum Online: „1940 Chronik".
      URL: http://www.dhm.de/lemo/html/1940/index.html [29.11.2009]

19   Autorenkollektiv: Die großen Luftschlachten des Zweiten Weltkriegs.
      Flugzeuge - Erfolge - Niederlagen. Neuauflage. Klagenfurt: Neuer Kaiser Verlag.
      2000. Seite 7, 8, 31

20   LeMO: Lebendiges virtuelles Museum Online: „1940 Chronik".
      URL: http://www.dhm.de/lemo/html/1940/index.html [29.11.2009]

LeMO: Lebendiges virtuelles Museum Online: „Luftschlacht um England".
URL: http://www.dhm.de/lemo/html/wk2/kriegsverlauf/luftkrieg/index.html
[29.11.2009]

21   Autorenkollektiv: Der Zweite Weltkrieg. Der Luftkrieg. Duell der Jäger und
          Bomber. 2te Auflage. Rastatt: Pabel-Moewig Verlag Kg. Hrsg: Brennecke,
          Jochen. 1996. Seite 65

22   Anderson, Duncan / Clark, Lloyd / Walsh, Stephen: Die Ostfront 1941-1945.
          Barbarossa, Stalingrad, Kursk und Berlin. Wien: Tosa Verlag. 2002.
          Seite 46

23   Anderson, Duncan / Clark, Lloyd / Walsh, Stephen: Die Ostfront 1941-1945.
          Barbarossa, Stalingrad, Kursk und Berlin. Wien: Tosa Verlag. 2002.
          Seite 128

          Autorenkollektiv: Der Zweite Weltkrieg. Der Luftkrieg. Duell der Jäger und
          Bomber. 2te Auflage. Rastatt: Pabel-Moewig Verlag Kg. Hrsg: Brennecke,
          Jochen. 1996. Seite 74

24   Piekalkiewicz, Janusz: Der Zweite Weltkrieg. Neuauflage. Köln:
          KOMET Verlag. 2008. S.757

25   Autorenkollektiv: Der Zweite Weltkrieg. Der Luftkrieg. Duell der Jäger und
          Bomber. 2te Auflage. Rastatt: Pabel-Moewig Verlag Kg. Hrsg: Brennecke,
          Jochen. 1996. Seite 844

26   LeMO: Lebendiges virtuelles Museum Online: „Die Wiedereinführung der
          allgemeinen Wehrpflicht „. URL: http://www.dhm.de/lemo/html/nazi/
          aussenpolitik/wehrpflicht/index.html [01.12.2009]

27   Dülk, Franz / Fickentscher, Fritz: Feuerglocke. Luftwaffenhelfer-Schicksale.
          Schüler-Soldaten aus Würzburg und Kitzingen beim Einsatz in Leuna und Brüx
          und vor allem in Schweinfurt. 1ste Auflage. Kitzingen am Main:
          Verlag Feuerglocke. 1993. Seite 18 ff.

28   Dr. Greim, Gerhard: „Der Luftangriff am 14. Oktober 1943". Bericht.
          Forchheim

          Dülk, Franz / Fickentscher, Fritz: Feuerglocke. Luftwaffenhelfer-Schicksale.
          Schüler-Soldaten aus Würzburg und Kitzingen beim Einsatz in Leuna und Brüx
          und vor allem in Schweinfurt. 1ste Auflage. Kitzingen am Main:
          Verlag Feuerglocke. 1993. Seite 21

30   Tetzner, Marie Kristin: Die Luftwaffenhelfer der Oberschule für Jungen in Hof
          im zweiten Weltkrieg. Facharbeit. Alexander-von-Humboldt-Gymnasium. 2008

31   Dülk, Franz / Fickentscher, Fritz: Feuerglocke. Luftwaffenhelfer-Schicksale.
          Schüler-Soldaten aus Würzburg und Kitzingen beim Einsatz in Leuna und Brüx
          und vor allem in Schweinfurt. 1ste Auflage. Kitzingen am Main:
          Verlag Feuerglocke. 1993. Seite 27

32   Dülk, Franz / Fickentscher, Fritz: Feuerglocke. Luftwaffenhelfer-Schicksale.
      Schüler-Soldaten aus Würzburg und Kitzingen beim Einsatz in Leuna und Brüx
      und vor allem in Schweinfurt. 1ste Auflage. Kitzingen am Main:
      Verlag Feuerglocke. 1993. Seite 25

33   Dülk, Franz / Fickentscher, Fritz: Feuerglocke. Luftwaffenhelfer-Schicksale.
      Schüler-Soldaten aus Würzburg und Kitzingen beim Einsatz in Leuna und Brüx
      und vor allem in Schweinfurt. 1ste Auflage. Kitzingen am Main:
      Verlag Feuerglocke. 1993. Seite 17, 21 f.

34   Franz, Beate: „Wir hatten Tränen in den Augen, aber keiner hat geweint". Fran-
      kenpost, 8.1.2004

35   Dülk, Franz / Fickentscher, Fritz: Feuerglocke. Luftwaffenhelfer-Schicksale.
      Schüler-Soldaten aus Würzburg und Kitzingen beim Einsatz in Leuna und Brüx
      und vor allem in Schweinfurt. 1ste Auflage. Kitzingen am Main:
      Verlag Feuerglocke. 1993. Seite 154

36   Braurer, Ulla (2008): NDR Online: „15-Jährige werden als Flakhelfer eingezo-
      gen". URL: http://www.ndr.de/kultur/geschichte/feuersturmzeitzeugen126.html
      [20.2.2010]

37   Dülk, Franz / Fickentscher, Fritz: Feuerglocke. Luftwaffenhelfer-Schicksale.
      Schüler-Soldaten aus Würzburg und Kitzingen beim Einsatz in Leuna und Brüx
      und vor allem in Schweinfurt. 1ste Auflage. Kitzingen am Main:
      Verlag Feuerglocke. 1993. Seite 152

38   Dülk, Franz / Fickentscher, Fritz: Feuerglocke. Luftwaffenhelfer-Schicksale.
      Schüler-Soldaten aus Würzburg und Kitzingen beim Einsatz in Leuna und Brüx
      und vor allem in Schweinfurt. 1ste Auflage. Kitzingen am Main:
      Verlag Feuerglocke. 1993. Seite 152 f.

39   Dülk, Franz / Fickentscher, Fritz: Feuerglocke. Luftwaffenhelfer-Schicksale.
      Schüler-Soldaten aus Würzburg und Kitzingen beim Einsatz in Leuna und Brüx
      und vor allem in Schweinfurt. 1ste Auflage. Kitzingen am Main:
      Verlag Feuerglocke. 1993. Seite 150

40   Dülk, Franz / Fickentscher, Fritz: Feuerglocke. Luftwaffenhelfer-Schicksale.
      Schüler-Soldaten aus Würzburg und Kitzingen beim Einsatz in Leuna und Brüx
      und vor allem in Schweinfurt. 1ste Auflage. Kitzingen am Main:
      Verlag Feuerglocke. 1993. Seite 149

41   Dülk, Franz / Fickentscher, Fritz: Feuerglocke. Luftwaffenhelfer-Schicksale.
      Schüler-Soldaten aus Würzburg und Kitzingen beim Einsatz in Leuna und Brüx
      und vor allem in Schweinfurt. 1ste Auflage. Kitzingen am Main:
      Verlag Feuerglocke. 1993. Seite 156

42   Dülk, Franz / Fickentscher, Fritz: Feuerglocke. Luftwaffenhelfer-Schicksale.
      Schüler-Soldaten aus Würzburg und Kitzingen beim Einsatz in Leuna und Brüx
      und vor allem in Schweinfurt. 1ste Auflage. Kitzingen am Main:
      Verlag Feuerglocke. 1993. Seite 156 ff

43   Dülk, Franz / Fickentscher, Fritz: Feuerglocke. Luftwaffenhelfer-Schicksale.
        Schüler-Soldaten aus Würzburg und Kitzingen beim Einsatz in Leuna und Brüx
        und vor allem in Schweinfurt. 1ste Auflage. Kitzingen am Main:
        Verlag Feuerglocke. 1993. Seite 157

44   Dülk, Franz / Fickentscher, Fritz: Feuerglocke. Luftwaffenhelfer-Schicksale.
        Schüler-Soldaten aus Würzburg und Kitzingen beim Einsatz in Leuna und Brüx
        und vor allem in Schweinfurt. 1ste Auflage. Kitzingen am Main:
        Verlag Feuerglocke. 1993. Seite 156

45   Dülk, Franz / Fickentscher, Fritz: Feuerglocke. Luftwaffenhelfer-Schicksale.
        Schüler-Soldaten aus Würzburg und Kitzingen beim Einsatz in Leuna und Brüx
        und vor allem in Schweinfurt. 1ste Auflage. Kitzingen am Main:
        Verlag Feuerglocke. 1993. Seite 155

46   Volksbund Deutscher Kriegsgräberfürsorge e.V.: Lexikon der Wehrmacht.
        „Zenetti, Emil". URL: http://www.deutsche-kriegsmarine.de/Personenregister/
        Z/ZenettiEmil-R.htm [20.2.2010]

47   Dülk, Franz / Fickentscher, Fritz: Feuerglocke. Luftwaffenhelfer-Schicksale.
        Schüler-Soldaten aus Würzburg und Kitzingen beim Einsatz in Leuna und Brüx
        und vor allem in Schweinfurt. 1ste Auflage. Kitzingen am Main:
        Verlag Feuerglocke. 1993. Seite 156 f.

48   Dülk, Franz / Fickentscher, Fritz: Feuerglocke. Luftwaffenhelfer-Schicksale.
        Schüler-Soldaten aus Würzburg und Kitzingen beim Einsatz in Leuna und Brüx
        und vor allem in Schweinfurt. 1ste Auflage. Kitzingen am Main:
        Verlag Feuerglocke. 1993. Seite 156 f.

49   Dülk, Franz / Fickentscher, Fritz: Feuerglocke. Luftwaffenhelfer-Schicksale.
        Schüler-Soldaten aus Würzburg und Kitzingen beim Einsatz in Leuna und Brüx
        und vor allem in Schweinfurt. 1ste Auflage. Kitzingen am Main:
        Verlag Feuerglocke. 1993. Seite 158

50   Kammer/ Bartsch: Jugendlexikon Nationalsozialismus. S. 134. zit. nach
        Lebendsgeschichten.net: "Notabitur". URL: http://www.lebensgeschichten.net/
        selcont3.asp?typ=L&value=1237 [20.2.2010]

51   Wiki-Lexikon des Deutschen Bildungsservers (2007): „Notabitur".
        URL: http://wiki.bildungsserver.de/index.php/Notabitur [20.2.2010]

52   Dülk, Franz / Fickentscher, Fritz: Feuerglocke. Luftwaffenhelfer-Schicksale.
        Schüler-Soldaten aus Würzburg und Kitzingen beim Einsatz in Leuna und Brüx
        und vor allem in Schweinfurt. 1ste Auflage. Kitzingen am Main:
        Verlag Feuerglocke. 1993. Seite 164

53   Dülk, Franz / Fickentscher, Fritz: Feuerglocke. Luftwaffenhelfer-Schicksale.
        Schüler-Soldaten aus Würzburg und Kitzingen beim Einsatz in Leuna und Brüx
        und vor allem in Schweinfurt. 1ste Auflage. Kitzingen am Main:
        Verlag Feuerglocke. 1993. Seite 168-172

54   Dülk, Franz / Fickentscher, Fritz: Feuerglocke. Luftwaffenhelfer-Schicksale.
      Schüler-Soldaten aus Würzburg und Kitzingen beim Einsatz in Leuna und Brüx
      und vor allem in Schweinfurt. 1ste Auflage. Kitzingen am Main:
      Verlag Feuerglocke. 1993. Seite 138

55   Autorenkollektiv: Die großen Luftschlachten des Zweiten Weltkriegs.
      Flugzeuge - Erfolge - Niederlagen. Neuauflage. Klagenfurt: Neuer Kaiser Verlag.
      2000. Seite 156

56   Birdsall,Steven / Scheibert, Horst: Waffen-Arsenal. Band 43. B-17. 1. Auflage.
      Wölfersheim: Podzun-Pallas-Verlag. 2002. Seite 4-8

57   utorenkollektiv: Die großen Luftschlachten des Zweiten Weltkriegs.
      Flugzeuge - Erfolge - Niederlagen. Neuauflage. Klagenfurt: Neuer Kaiser Verlag.
      2000. Seite 156

58   Fleischer, Wolfgang: Waffen-Arsenal. Sonderband. Die 2-cm Flugabwehrkano
      nen 30 und 38. Erstausgabe. Wölfersheim: Podzun-Pallas-Verlag. 2002. Seite 68

59   Fleischer, Wolfgang: Waffen-Arsenal. Sonderband. Die 2-cm Flugabwehrkano
      nen 30 und 38. Erstausgabe. Wölfersheim: Podzun-Pallas-Verlag. 2002. Seite 68

60   Fleischer, Wolfgang: Waffen-Arsenal. Sonderband. Die 2-cm Flugabwehrkano
      nen 30 und 38. Erstausgabe. Wölfersheim: Podzun-Pallas-Verlag. 2002. Seite 68

61   Müller, Werner: Waffen-Arsenal. Band 27. Die 8,8-cm FLAK. Erstauflage.
      Wölfersheim: Podzun-Pallas-Verlag. 1976. Seite 21, 47

62   Dülk, Franz / Fickentscher, Fritz: Feuerglocke. Luftwaffenhelfer-Schicksale.
      Schüler-Soldaten aus Würzburg und Kitzingen beim Einsatz in Leuna und Brüx
      und vor allem in Schweinfurt. 1ste Auflage. Kitzingen am Main:
      Verlag Feuerglocke. 1993. Seite 141

63   Dülk, Franz / Fickentscher, Fritz: Feuerglocke. Luftwaffenhelfer-Schicksale.
      Schüler-Soldaten aus Würzburg und Kitzingen beim Einsatz in Leuna und Brüx
      und vor allem in Schweinfurt. 1ste Auflage. Kitzingen am Main:
      Verlag Feuerglocke. 1993. Seite 142

64   Käppner, Joachim: „Die Schlacht, bei der es nur Verlierer gab". In: Süddeutsche
      Zeitung. Nr. 236 (2003). Seite 3

65   Dülk, Franz / Fickentscher, Fritz: Feuerglocke. Luftwaffenhelfer-Schicksale.
      Schüler-Soldaten aus Würzburg und Kitzingen beim Einsatz in Leuna und Brüx
      und vor allem in Schweinfurt. 1ste Auflage. Kitzingen am Main:
      Verlag Feuerglocke. 1993. Seite 74

66   Dülk, Franz / Fickentscher, Fritz: Feuerglocke. Luftwaffenhelfer-Schicksale.
      Schüler-Soldaten aus Würzburg und Kitzingen beim Einsatz in Leuna und Brüx
      und vor allem in Schweinfurt. 1ste Auflage. Kitzingen am Main:
      Verlag Feuerglocke. 1993. Seite 76

69   Dülk, Franz / Fickentscher, Fritz: Feuerglocke. Luftwaffenhelfer-Schicksale.
      Schüler-Soldaten aus Würzburg und Kitzingen beim Einsatz in Leuna und Brüx

und vor allem in Schweinfurt. 1ste Auflage. Kitzingen am Main: Verlag Feuerglocke. 1993. Seite 120

70 Dülk, Franz / Fickentscher, Fritz: Feuerglocke. Luftwaffenhelfer-Schicksale. Schüler-Soldaten aus Würzburg und Kitzingen beim Einsatz in Leuna und Brüx und vor allem in Schweinfurt. 1ste Auflage. Kitzingen am Main: Verlag Feuerglocke. 1993. Seite 120

71 Dülk, Franz / Fickentscher, Fritz: Feuerglocke. Luftwaffenhelfer-Schicksale. Schüler-Soldaten aus Würzburg und Kitzingen beim Einsatz in Leuna und Brüx und vor allem in Schweinfurt. 1ste Auflage. Kitzingen am Main: Verlag Feuerglocke. 1993. Seite 120

72 DZWI - Deutsche Zweite Weltkriegs Informationen: Kommandogeräte. URL: http://www.dzwi.de/Kommandoger.htm [17.1.2010]

73 Müller, Werner: Die Geschütze, Ortungs- und Feuerleitgeräte der schweren Flak. 1. Auflage. Eggolsheim: Dörfler Zeitgeschichte. 1988. Seite 171

74 Dülk, Franz / Fickentscher, Fritz: Feuerglocke. Luftwaffenhelfer-Schicksale. Schüler-Soldaten aus Würzburg und Kitzingen beim Einsatz in Leuna und Brüx und vor allem in Schweinfurt. 1ste Auflage. Kitzingen am Main: Verlag Feuerglocke. 1993. Seite 144-146

75 Müller, Werner: Die Geschütze, Ortungs- und Feuerleitgeräte der schweren Flak. 1. Auflage. Eggolsheim: Dörfler Zeitgeschichte. 1988. Seite 190

76 Müller, Werner: Die Geschütze, Ortungs- und Feuerleitgeräte der schweren Flak. 1. Auflage. Eggolsheim: Dörfler Zeitgeschichte. 1988. Seite 190

77 Dülk, Franz / Fickentscher, Fritz: Feuerglocke. Luftwaffenhelfer-Schicksale. Schüler-Soldaten aus Würzburg und Kitzingen beim Einsatz in Leuna und Brüx und vor allem in Schweinfurt. 1ste Auflage. Kitzingen am Main: Verlag Feuerglocke. 1993. Seite 146

78 Dülk, Franz / Fickentscher, Fritz: Feuerglocke. Luftwaffenhelfer-Schicksale. Schüler-Soldaten aus Würzburg und Kitzingen beim Einsatz in Leuna und Brüx und vor allem in Schweinfurt. 1ste Auflage. Kitzingen am Main: Verlag Feuerglocke. 1993. Seite 147

79 Eichhorn, Heribert: „Die Nebelwerferbatterien". Beicht. Rottach-Eggern

80 Eichhorn, Heribert: „Beschreibung der Stellung in ihrer Lage". Bericht. Rottach-Eggern

81 Dülk, Franz / Fickentscher, Fritz: Feuerglocke. Luftwaffenhelfer-Schicksale. Schüler-Soldaten aus Würzburg und Kitzingen beim Einsatz in Leuna und Brüx und vor allem in Schweinfurt. 1ste Auflage. Kitzingen am Main: Verlag Feuerglocke. 1993. Seite 63

82 Eichhorn, Heribert: „Die Nebelwerferbatterien". Beicht. Rottach-Eggern

83 Greim, Gerhard, redigiert Eichhorn, Heribert: „Allgemeines zum LwH-Einsatz

anstelle Facharbeit". Bericht. Forchheim und Rottach-Eggern

84 Wikipedia (2009): „Operation Double Strike". URL: http://de.wikipedia.org/wiki/Operation_Double_Strike [Stand: 14.11.2009]

85 Dr. Greim, Gerhard: „Der Luftangriff am 14. Oktober 1943". Bericht. Forchheim.

86 Vollmann, Norbert: „Keller wird Pfarrer zur Todesfalle". In: Schweinfurter Tageblatt. 2.3.2009

87 Dülk, Franz / Fickentscher, Fritz: Feuerglocke. Luftwaffenhelfer-Schicksale. Schüler-Soldaten aus Würzburg und Kitzingen beim Einsatz in Leuna und Brüx und vor allem in Schweinfurt. 1ste Auflage. Kitzingen am Main: Verlag Feuerglocke. 1993. Seite 114

88 Paul, Wolfgang: Der Heimatkrieg, 1939 bis 1945. Bechtleverlag. Seite 213

89 Dr. Greim, Gerhard: „Der Luftangriff am 14. Oktober 1943". Bericht. Forchheim

90 Dr. Greim, Gerhard: „Der Luftangriff am 14. Oktober 1943". Bericht. Forchheim

91 Munzert, Gerold: „Eigene Erinnerungen an die Luftwaffenhelferzeit". Bericht. Hof

92 Dülk, Franz / Fickentscher, Fritz: Feuerglocke. Luftwaffenhelfer-Schicksale. Schüler-Soldaten aus Würzburg und Kitzingen beim Einsatz in Leuna und Brüx und vor allem in Schweinfurt. 1ste Auflage. Kitzingen am Main: Verlag Feuerglocke. 1993. Seite 133

93 Dülk, Franz / Fickentscher, Fritz: Feuerglocke. Luftwaffenhelfer-Schicksale. Schüler-Soldaten aus Würzburg und Kitzingen beim Einsatz in Leuna und Brüx und vor allem in Schweinfurt. 1ste Auflage. Kitzingen am Main: Verlag Feuerglocke. 1993. Seite 133

94 Dülk, Franz / Fickentscher, Fritz: Feuerglocke. Luftwaffenhelfer-Schicksale. Schüler-Soldaten aus Würzburg und Kitzingen beim Einsatz in Leuna und Brüx und vor allem in Schweinfurt. 1ste Auflage. Kitzingen am Main: Verlag Feuerglocke. 1993. Seite 133

95 Vollmann, Norbert: „Der Tod der jungen Kriegsschüler". In: Schweinfurter Tageblatt. 2.3.2009

96 Vollmann, Norbert: „Der Tod der jungen Kriegsschüler". In: Schweinfurter Tageblatt. 2.3.2009

97 Böhm, Wilhelm: „Vor 50 Jahren, Erinnerungen an die Luftangriffe vom 24. und 25. Februar 1944". Mainleite. 1994, Seite 6-19

98 Vollmann, Norbert: „Fataler Schulwechsel". In: Schweinfurter Tageblatt. 2.3.2009

99   Munzert, Gerold: „Eigene Erinnerungen an die Luftwaffenhelferzeit". Bericht.
        Hof

100   Munzert, Gerold: „Eigene Erinnerungen an die Luftwaffenhelferzeit". Bericht.
        Hof

101   Hohenberger: „Tagebuch ab 05.03.1943". Tagebuch. Hof. 1944

102   Nies, Ursula: „Kindheit unterm Hakenkreuz". Norderstedt: Books on Demand
        GmbH. 2008. Seite 30-35

103   Dr. Greim, Gerhard: „Der Luftangriff am 14. Oktober 1943". Bericht.
        Forchheim

104   Dülk, Franz / Fickentscher, Fritz: Feuerglocke. Luftwaffenhelfer-Schicksale.
        Schüler-Soldaten aus Würzburg und Kitzingen beim Einsatz in Leuna und Brüx
        und vor allem in Schweinfurt. 1ste Auflage. Kitzingen am Main:
        Verlag Feuerglocke. 1993. Seite 125, 342

Errata:

Seite 92 bis 96: Der mehrfach erwähnte Otto Pöhlmann kam nicht in der Nacht vom 24. auf den 25. Februar 1944 ums Leben, sondern erst beim Bombenangriff am 31. März 1944. Sein Körper blieb unversehrt. Sein Vater hat die Leiche nach Schwarzenbach überführt, wo er auf dem Friedhof im Familiengrab beerdigt wurde. Aus diesem Grund konnte Gottfried Hohenberger Otto Pöhlmanns Tod auch nicht im Brief vom 27. Februar 1944 an seine Eltern erwähnen (Seite 94 oben). Auch die telefonische Aussage der Oberschule Hof war somit richtig (Seite 95 unten). Eine Kopie der Überführungsgenehmigung mit Todesbescheinigung wurde dem Verlag von seiner Nichte, Dr. Kirsten Nies, übersandt.